주님의 임재 안에 거하는 기도

| 여 | 는 | 글 |

한국에서 다양한 기도의 방법을 대해 이야기하는 것은 좀 낯선 것으로 압니다. 전통적으로 개신교의 많은 교단에서 기도라 함은 소리 내어서 기도하는 통성기도와 조용히 소리 내지 않고 하는 묵상기도를 주로 하고 있기 때문입니다.

하지만 기독교 역사 전통에 따르면 우리 믿음의 선배들은 통성기도와 묵상기도 외에 다양한 기도의 방법들을 통하여 주님께 나아갔고 놀라운 하나님의 은혜와 사랑을 체험하며 날마다 깊은 감격 속에서 주님과 충만한 교제를 하였습니다.

오늘날의 한국교회는 세계 그 어느 교회보다도 기도를 열심히 하고 있습니다. 모든 교회의 목회자들이 기도를 강조하고 있습니다. 하지만 아직도 많은 그리스도인이 기도해야 한다는 당위성에도 불구하고 기도를 제대로 하지 못하는 자신에 대해서 많은 좌절감을 가지고 있습니다.

심지어 여러 사역자들도 기도에 대하여 너무나 큰 부담감과 어려움을 호소하고 있습니다. 그래서 기도를 억지로 하거나 아예 기도를 못하고 있는 분들도 있습니다. 기도해야 한다는 것을 알면서도 잘 기도하지 못하는 이유는 무엇일까요?

진심으로 열심히 기도를 안 하거나 아직 기도를 배우지 못할 수도 있습니다. 성령의 충만을 체험하지 못해서 기도하는 것이 너무나 힘들고 5분 이상 기도할 수 없을 수도 있습니다. 나름대로 열심히 기도는 하지만 기도 가운데 주님의 음성을 듣지 못하고 달콤한 주님과의 교제의 기쁨을 체험하지 못해서 여전히 의무감에서 기도하는 분들도 역시 기도가 부담스럽게만 느껴질 것입니다.

기도를 잘 할 수 없는 또 다른 원인은 기도하는 방법에 있습니다. 성도들은 통성기도와 묵상기도만을 배웠을 뿐 구체적인 기도훈련을 받아 본적도 없는 분들이 대부분입니다.

그럼에도 불구하고 기도를 잘 못하면 언제나 결론은 기도방법보다는 오히려 기도하는 사람에게 문제가 있다고 여겨왔습니다. 그러므로 대부분의 사람들이 아무리 열심히 노력을 하더라도 기도의 삶을 살지 못하기 때문에 자신은 신령한 삶을 살 수 없는 너무나도 연약하고 죄악된 사람이라고 생각하고, 기도를 포기하거나 진정한 내적 열매와 유익을 모른 체 습관적인 기도만을 하게 되는 것입니다.

물론 통성기도와 묵상기도를 통해서도 충만하고 아름다운 기도의 생활을 하는 분들이 계십니다. 결코 통성기도와 묵상기도에 어떤 문제가 있다고 말하는 것은 아닙니다. 다만 보다 많은 사람들이 다양한 방법을 통해서 하나님을 만나고 날마다 그분을 임재 가운데 거하는 삶을 살 수 있다는 것입니다.

우리는 기도, 찬양, 예배, 교제 그리고 봉사 등을 통하여 다양하게 하나님을 체험하고 은혜를 받고 그 분께 나아갑니다. 마찬가지로 기도도 다양한 방법으로 하나님께 나아갈 수 있는 것입니다. 하나님께서 우리 각 사람을 독특하고 다양하게 지으셨기 때문에 사람들은 저마다의 기질(성격)을 가지고 있습니다. 외향적적인 사람, 내성적인 사람, 감성적인 사람, 논리적인 사람, 상상력이 뛰어난 사람, 직관적인 사람들이 있습니다.

이들의 기질에 맞는 다양한 기도가 있다면 사람들은 보다 쉽게 기도를 배우게 되고 우리 주님의 놀라운 은혜 가운데 살 수 있을 것입니다. 그러므로 우리가 다양한 기도의 방법을 통하여 자신에게 잘 맞는 기도를 찾을 수가 있다면, 주님과의 깊은 교제를 체험할 수 있을 것입니다. 일단 그 분의 깊은 은혜를 체험한다면 그 외의 모든 기도의 방법을 통하여서도 충만한 기도의 생활을 할 수 있을 것입니다.

물론 이것을 위해서는 먼저 내가 누구인지를 알아야 하며 자신에게 맞는 기도방법을 찾아내어서 훈련을 해야 합니다. 그러나 그 훈련은 힘든 것은 아니고 자신을 알아가는 기쁨과 주님께 날마다 나아갈 수 있는 감격이 있기 때문에 즐겁고 쉬운 길이 될 것입니다.

　이 책에서는 자신의 기질을 알 수 있는 것까지 자세하게 다루지는 않고 각주에서 개략적으로 설명을 해 놓았습니다. 하지만 시중에서 자신의 기질을 알 수 있는 다양한 방법들이 소개된 책이나 기관이 많이 있습니다. 그것들을 통해서 자세하게 자신이 어떤 사람인가를 알 수 있기를 바랍니다.

　기도에 있어서 가장 중요한 한 것은 어떤 것을 구하고 받기만 하는 것이 아니라 그분의 임재가운에 들어가는 것입니다. 주님을 만나는 것입니다. 그분을 체험하는 것입니다. 그분의 음성을 듣는 것입니다. 이 책에서 소개되는 모든 기도는 바로 이것을 추구하는 것입니다.

　저는 지난 오랜 세월 동안 여러 교단의 신학교와 선교훈련원에서 영성신학을 강의하면서 이 책의 내용으로 다양한 기도를 훈련시켰습니다. 신학생들과 선교사 후보생들은 어느 정도 기도의 생활을 하는 분들이었습니다. 그럼에도 불구하고 대개 처음에는 생소해하고 어색해하고 일부는 거부감을 가지는 분들도 있었습니다.

　하지만 훈련이 끝날 때는 거의 전부가 다양한 기도를 통하여 우리 주님을 깊이 만나는 체험을 하게 되었다고 하였습니다. 다양한 기도를 통하여 기도의 달콤함을 체험하고, 주님의 능력을 경험하고 그 거룩한 임재가운데 들어갈 수 있었다는 간증을 많이 하였습니다.

저는 이 책이 그분들의 간증처럼 여러 성도들이 우리 주님께 나아가는 데 조그마한 도움이 되기를 간절히 기도합니다. 영성훈련의 핵은 기도훈련입니다. 그래서 많은 사역자들이 기도를 강조하고 있는 것입니다. 저는 이 책이 사역자들이 기도훈련을 시키는 데 있어서도 도움이 되는 작은 자료가 되기를 기도하고 있습니다.

그래서 여러 기도에 대해서 설명을 하고 실제적으로 훈련하고 적용할 수 있는 제안들을 수록해 놓았습니다.

이 책에 수록된 내용의 기도를 한다고 해서 단번에 어떤 결과가 안 나올 수도 있습니다. 그러나 "경건에 이르기를 연습하라"(딤전 4:7)는 말씀처럼 열심히 기도를 하면 우리 주님께서 직접 기도를 인도해 주실 것입니다.

세상에서 가장 큰 기쁨은 우리 주님을 만나는 것입니다. 그분을 체험하는 것입니다. 주님의 깊은 임재가운데 거하는 것입니다. 그분을 사랑하는 것입니다. 기도 가운데 이러한 귀한 은혜를 체험하시기를 간절히 기도합니다.

2019년 1월 시무언 김현태

※이 책은 "주님께 나아가는 다양한 기도훈련"의 개정판입니다.

contents

003 여는 글

013 1. 부르짖는 기도

031 2. 침묵기도

063 3. 예수기도

083 4. 상상기도

107 5. 말씀기도
      1) 전환적 말씀기도
      2) 추론적 말씀기도
      3) 시편기도

135 6. 자유기도
      1) 자연묵상
      2) 실천기도
      3) 춤 기도(Dancing prayer)

173 7. 치유기도

230 닫는 글

주님의 임재 안에 거하는 기도

김현태 지음

기도에 있어서 가장 중요한 것은 주님의 임재 가운데에 들어가 그분을 만나고 음성을 들으며 그분을 체험하는 것입니다

주님의 임재 안에
거하는 기도

chapter 1

부르짖는 기도

"일을 행하시는 여호와, 그것을 만들며 성취하시는 여호와, 그의 이름을 여호와라 하는 이가 이와 같이 이르시도다 너는 내게 부르짖으라 내가 네게 응답하겠고 네가 알지 못하는 크고 은밀한 일을 네게 보이리라"(렘 33:2-3).

기도를 많이 해서 진정한 은혜를
받았다면 우리는 예수님처럼 더 사랑이
많아져야 합니다.

　많은 분들이 말씀하시기를 "저는 5분만 기도를 하면 더 이상 할 말이 없어서 기도를 못하겠어요"라고 합니다. 기도란 계속해서 말을 하는 것으로 생각을 합니다.

　저도 처음 은혜를 받고 기도생활을 할 때 매일 1시간씩 기도를 하기로 작정을 하고 날마다 교회에 갔습니다. 그런데 1시간을 기도한다는 것이 결코 쉽지가 않았습니다. 그래서 1시간 동안 기도할 내용들을 종이에 적어서 그 내용대로 날마다 기도를 했습니다. 아무리 몸이 아파도 꼭 한 시간 동안 기도할 내용들을 녹음기를 틀듯이 매일 반복해서 기도했습니다. 물론 이러한 기도를 통해서 진정한 기도의 삶으로 나아 갈 수 있었지만, 저는 처음에 많은 성도들처럼 기도를 오해한 것입니다.

　기도는 어떤 내용을 날마다 의무적으로 하나님께 말씀드리는 것이라고는 할 수 없습니다. 이것이 기도의 일부는 될 수 있지만 진정한 의미의 기도는 아닌 것입니다. 기도는 주님과의 만남입니다. 주님의 임재 가운데 거하는 것입니다.

　사랑하는 연인이 만나서 많은 시간을 보낼 때, 말을 많이 할 수도 있지만 아무 말도 없이 가만히 옆에 있기만 해도 너무나도 좋고 평안하고 행복한 것입니다. 기도는 이와 같이 주님과 같이 있는 것입니다. 때론 교회에 가서 가만히 앉아 있다가 와도 좋은 것입니다.

　이와 같이 깊은 기도를 하기 위해서는 먼저 부르짖는 기도를 배워야 합니다. 성경은 여러 곳에서 부르짖으라고 명령하고 있습니다(렘 33:3, 렘 29:12,13). 부르짖으면 응답하시겠다는 많은 약속이 있습니다(시 22:24, 시31:22, 시 81:7 시 86:7, 삿3:9,10, 출 2:23-25).

　부르짖는 기도는 깊은 기도는 아니지만 모든 기도의 기초가 됩니다. 기도는 영적 세계에서 가장 영적인 활동이라고 할 수 있습니다. 그 기도 중에서 부르짖는 기도는 우리의 심령을 가장 강하게 해 주는 통로가 될 수 있습니다. 부르짖는 기도를 통하여 우리의 영이 강해져야 모든 죄악에서 벗어날 수 있고 원수 마귀를 대적하며 깊은 기도를 할 수 있게 되는 것입니다.

　어떤 분은 "저는 내성적이라서 소리를 크게 내는 것이 매우 힘듭니다. 그리고 전능하신 하나님은 제가 속으로 조용히 기도해도 다 들으시고 응답하시는 분이신데 굳이 제가 왜 소리를 질러서 기도를 해야 하는지 모르겠습니다"라고 할 수도 있습니다. 물론 하나님은 우리가 조용히 기도해도 응답하시는 분이십니다. 그럼에도 불구하고 성경 여러 곳에서 부르짖으라고 명령하신 것은 하나님이 잘 듣기 위해서가 아니라 우리의 유익 때문입니다.

소리에 구원이 있습니다. 로마서 10장 10절에 "사람이 마음으로 믿어 의에 이르고 입으로 시인하여 구원에 이르느니라"고 하였습니다. 마음으로만 믿으면 안 됩니다. 반드시 입으로 소리를 내어서 시인을 해야 구원을 받습니다. 세례를 줄 때도 입으로 반드시 믿음을 고백해야 세례를 받을 수 있는 것입니다.

소리에 능력이 있습니다. 저는 텔레비전에서 어느 태권도 사범에게 한 번은 아무 소리도 내지 않고 벽돌을 깨고, 한 번은 소리를 질러서 기압을 주고 벽돌을 깨라고 시키는 것을 본 적이 있습니다. 당연히 소리를 지르면서 깰 때 더 많은 벽돌을 깰 수가 있었습니다.

하나님은 여리고 성을 일곱 번째 돌 때 제사장은 나팔을 불고 백성들은 큰 소리를 지르라고 하셨습니다(수 6:5). 백성들이 그 때 "큰 성아 무너질지어다"라고 외쳤을 것입니다. 그 큰 소리에 거대한 여리고 성은 무너진 것입니다.

목소리로 그 사람이 어떤 사람인지를 잘 알 수가 있습니다. 말할 때 저음으로 천천히 하는 사람은 대개의 경우 성격도 차분하고 느린 경향이 있습니다. 언제나 말을 빨리 하는 사람은 성격도 급합니다. 말할 때 소리를 작고 힘없게 내는 사람은 성격이 유약합니다. 반대로 소리를 굵고 힘 있게 내는 사람은 성격이 강합니다.

전라도 해남읍에 있는 교회에서 부흥회를 인도한 적이 있습니다. 그 지역에서 가장 역사가 오래되고 가장 큰 교회라고 하는데 반응이 영 없었습니다. 부흥회를 마치고 숙소로 오는 데 그 교회 교역자가 와서 "목사님, 오늘 우리 교회에 놀라운 성령의 역사가 있었습니다. 감사합니다"라고 하였습니다. "무슨 소리입니까? 제가 수많은 부흥회를 인도했지만 오늘처럼 반응이 없는 것은 처음 보았습니다"라고 저는 대답했습니다.

"아닙니다. 저희 교회 100년 역사에 수많은 부흥회를 했지만 성도들은 절대로 설교시간에 '아멘'을 하지 않았습니다. 유명한 부흥사들이 와서 '아멘'을 하라고 아무리 강조해도 성도들은 '아멘'을 한 적이 없습니다. 그런데 목사님은 '아멘'을 하라고 하지도 않았는데 성도들이 '아멘'을 했습니다. 기적같은 일입니다."

"뭐 그 정도 가지고 기적이라고 할 수는 없지요."

"그뿐만이 아닙니다. 목사님께서 설교가 끝나고 통성기도를 시키셨잖아요. 저희 교회는 통성기도시간 자체가 없습니다. 다 같이 기도하자고 하면 아무도 소리를 내지 않고 침묵기도를 합니다. 그런데 성도들이 소리를 내서 20분 동안이나 기도를 했습니다."

"아, 그렇습니까?"

"더 놀라운 것은 몇 분의 성도님들이 통성기도를 하고서 방언의 은사를 받았습니다."

그 교회에서는 처음으로 통성기도를 해 보았다고 했습니다. 그 때 은사를 체험하고 많은 은혜를 받게 된 것입니다. 그 후로 그 교회에서 두 번 더 불러주어서 집회를 인도한 적이 있습니다.

이렇게 부르짖는 기도를 통하여 우리의 영이 강해지고 날마다 더 깊은 기도를 할 수 있어야 합니다. 깊은 기도를 통하여 계속 주님을 만나고 그분의 임재가운데 거하면서 우리는 주님과 연합해야 합니다. 주님의 마음이 우리의 마음이(빌 2:5) 되어야 합니다. 우리의 삶이 주님의 삶이 되는 것입니다. 그분의 피와 눈물이 우리 안에 주입되는 것입니다. 우리의 심장이 주님의 심장으로 바뀌게 되는 것입니다.

초대교회 이 후로 모든 영성가들이 기도를 통하여 원했던 오직 한 가지 목표는 바로 주님과 하나가 되는 것입니다. 기도를 통하여 우리가 이루고자 하는 것도 주님과의 연합입니다. 그분과 하나 됨으로 우리 안에 그리스도의 형상이 온전히 이루어지는 것입니다(갈 4:19).

이 책에서 소개되는 어떤 종류의 기도이든지 간에 정확하게 구분되는 기도란 있을 수 없습니다. 기도는 다 하나로 묶여 있어서 침묵, 묵상, 상상, 음성기도 등을 서로 한 번의 기도시간에 교차하면서 할 수 있습니다.

깊은 기도에 들어 갈수록 악한 영들의 방해가 있을 것입니다. 그러나 그것을 이겨내고 계속 더 기도할 때 영은 더 맑고 강해지며, 여러 가지 체험을 하게 될 것입니다. 가장 먼저는 영혼이 정화되는 체험입니다. 거룩하신 주님의 임재 가까이 갈수록 우리의 더러움과 연약함이 드러나기 때문에 우리는 그것을 주님 앞에 토해내게 됩니다. 그리고 우리를 사로잡고 있었던 많은 더러운 영들이 떠나가게 됩니다.

악하고 더러운 것들은 다양한 방식으로 우리에게서 떠나가지만 주로 입을 통하여 나갑니다. 그래서 어떨 때는 하품을 많이 하게 되고, 헛구역질을 하며, 피 같은 것이 섞인 가래를 아주 많이 뱉어 낼 수도 있습니다. 그럴 때 놀라지 마시고 계속 기도하면 여러분의 영이 새벽 이슬보다 더 맑고 밝아져서 우리 주님에 대해서 그리고 영의 세계에 아주 민감하게 될 것입니다.

그 외에도 많은 신비한 체험과 은사를 경험할 수도 있을 것입니다. 온 몸이 뜨거워질 수 있습니다. 아무리 더운 날씨에도 기도 중에 너무나도 시원한 느낌이 들기도 합니다. 온 몸의 진동이 옵니다. 환상이 보이고 너무나도 깊은 황홀감에 빠지기도 합니다. 그리고 신유의 은사, 예언의 은사, 대언의 은사, 투시의 은사 등을 체험할 수도 있습니다.

그런데 많은 성도들이 이런 것을 체험하면 다른 사람들한테 간증이라는 명목 하에 자랑하고 자부심을 가집니다. 그것은 대단히 위험한 상태이고 그것이 정도가 심하면 결코 우리 주님과의 진정한 관계로 발전할 수가 없습니다.

은사나 환상 등의 체험은 사실 영계(靈界)에서는 초보적인 단계입니다. 그런 것들을 체험했다고 해서 그 사람의 인격이나 삶까지도 변하는 것은 아닙니다. 진정으로 성숙한 영적 상태는 내 안에 성령의 열매가 맺히는 것입니다(갈 5:22-26).

구약에서 발람 선지자는 하나님의 말씀을 대언했지만 성경은 그를 일컬어 미친 선지자(벧후 2:16)라고 했으며, 이스라엘이 죄를 범하게 한(계 2:14) 악한 사람이었습니다. 신약에서 누가복음 9장 1-6절을 보면 예수님께서 열 두 사도들에게 귀신을 제어하며 병을 고치는 능력과 권세를 주시고 하나님의 나라를 전파하며 앓는 자를 고치게 하셨다고 하였고, 6절을 보면 실제로 제자들이 나가서 병을 고쳤다고 했습니다. 그러므로 분명 가룟 유다도 그런 능력을 행했을 것입니다. 그러나 그는 결국 예수님을 배반했습니다.

마태복음 6장 22-23절을 보면 그 날에 많은 사람들이 "주님의 이름으로 선지자 노릇을 하고 주님의 이름으로 귀신을 쫓아내며 주의 이름으로 많은 권능을 했습니다"라고 했을 때 주님은 말씀하시기를 "내가 너희를 모르나니 불법을 행하는 자들아 내게서 떠나라"고 하실 것입니다.

20세기의 은사주의 운동가들의 능력과 신비는 대단한 것이었지만 그들의 삶과 인격이 너무나 문제가 많아서 많은 비판을 받았습니다. 그러므로 기도를 통하여 어떤 신비한 체험을 했거나 은사를 받았다고 해도 절대로 그것으로 자부심을 가지거나 교만해서는 안 됩니다.

교회에서 가장 큰 문제를 일으키는 사람은 신앙이 없는 사람들이 아니라, 소위 자칭 신령하다는 사람들입니다. 그들은 자기와 같은 체험이 없는 사람들을 함부로 판단하고 무시합니다. 신령하다는 것이 무엇입니까? 기도를 많이 한다는 것은 무엇을 의미합니까? 그것은 결코 능력이 아닙니다. 기도는 주님을 만나는 것입니다. 그분과 깊은 교제가운데 들어가는 것입니다. 그러므로 우리는 기도할수록 예수님처럼 되어야 하는 것입니다.

기도를 많이 해서 진정한 은혜를 받았다면 우리는 예수님처럼 더 사랑이 많아져야 합니다. 겸손해져야 합니다. 온유해져야 합니다. 따스한 사람이 되어야 합니다. 친절한 사람이 되어야 합니다. 섬기는 사람이 되어야 합니다. 우리 주 예수님께서 완전 신이시며 완전 인간이었듯이 우리도 아주 신령하면서도 지극히 인간적인 사람이 되어야 합니다.

평생을 사막에서 기도한 사막 교부들은 제자들에게 언제나 가장 강조한 것이 겸손이었습니다. 기도 중에 체험되는 모든 것에 결코 마음을 빼앗기지 말라고 가르쳤습니다. 기도 가운데 사는 그들에게 수많은 엄청난 기적들이 있었지만 그들은 결코 그것에 관심을 두지 않았습니다.

사막교부들이 추구하는 것은 기적을 행하는 것이 아니라 순결한 사랑이었습니다. 사랑의 열매를 맺는 것이 그들과 사막 교부들을 방문하는 사람들의 주된 관심사였습니다. 그들은 금욕주의 문턱 너머

에 있는 기도 체험에 대해서는 거의 아무 말도 하지 않았습니다.[1]

우리는 하늘나라를 갔다 왔으면서도 14년 후에나 어렴풋하게 간증한 바울처럼 (고후 12:1-10) 주님께서 주시는 체험은 최대한 주님과 나만이 아는 비밀로 간직하는 것이 좋습니다. 그래서 복음서에서는 주님께서 많은 병자를 고치시고 언제나 다른 사람들에게 말하지 말라고 부탁하신 것입니다.

그러나 오늘날 많은 교회가 신유와 이적이 일어나면 그것 때문에 많은 사람이 전도될 것이라고 생각합니다. 부흥회 광고 전단지를 보면 각종 병이 고쳐지고 예언의 말씀이 있고, 심지어 강사분이 40일 금식을 몇 번 했다는 내용까지 있습니다. 이것은 신비한 것이 사람들을 끌 수 있다고 생각하는 오해에서 비롯된 것입니다.

우리 주 예수님은 신유의 기적을 베푸신 후에는 다른 사람에게 말하지 말라고 하셨습니다. 마가복음 1장을 보면 예수님께서 많은 병자와 귀신을 내어 쫓으시고 새벽에 한적한 곳에서 기도하고 계실 때 제자들이 와서 "모든 사람이 주를 찾나이다"라고 하자 주님은 "우리가 다른 가까운 마을들로 가자 거기서도 전도하리니 내가 이를 위하여 왔느니라"고 하셨습니다 (막 1:32-39).

많은 병자들이 고침을 받고 귀신들린 사람들에게 귀신이 내어 쫓기자 아마 더 많은 병자들이 소문을 듣고 찾아 왔을 것이고, 이것을

---

1) Norman Russel trans, The Lives of the Desert Fathers <사막 교부들의 삶>, 이후정, 엄성옥 공역 (서울: 은성출판사,1994), p. 94.

구경하려고 온 사람들도 엄청나게 많았을 것입니다. 이와 같은 일이 오늘날의 교회에서 일어나면 부흥의 역사가 일어났다고 좋아할 것입니다.

그러나 우리 주님은 그 자리를 떠나면서 "다른 마을로 가서 전도하자. 내가 이를 위해서 왔다"라고 하셨습니다. 이 말씀의 의미는 신유나 이적이 전도에 도움이 되기보다는 오히려 하나님의 말씀을 전하는 데 방해가 될 수 있다는 것입니다.

마가복음 1장 40절 이하에 보면 한 문둥병자를 주님께서 고치신 후에 "'엄히 경계하사' 곧 보내시며 가라사대 삼가 아무에게 아무 말도 하지 말고 가서 네 몸을 제사장에게 보이고 네 깨끗케 됨을 인하여 모세의 명한 것을 드려 저희에게 증거하라"고 하셨습니다.

그러나 고침 받은 문둥병 환자는 주님의 경고를 무시하고 자신이 고침 받은 일을 많이 전파하고 널리 퍼지게 하였습니다. 그래서 예수님은 다시는 드러나게 동리에 들어가지 못하고 오직 바깥 한적한 곳에 계셨습니다(막 1:43-45). 성경은 그래도 예수님께로 사방에서 사람들이 모여 왔다고 되어 있지만 정작 우리 주님은 신유의 기적 소문을 듣고 몰려오는 사람들을 오히려 피하셨던 것입니다.

이스라엘 백성들은 애굽에서 하나님의 놀라운 10가지의 이적과 광야 40년 동안 수많은 기적을 보고 체험하고 매일 만나와 메추라기를 먹었음에도 불구하고 계속해서 죄를 범했습니다.

예수님께서 수많은 병자를 고쳐주고 죽은 자를 살리시고 오병이

어의 기적을 일으키사 수많은 사람이 그 기적의 음식을 먹고 이적을 보았음에도 예수님을 십자가에 못 박아 죽였습니다. 그러므로 우리는 신비한 것을 자꾸 말하는 것을 아주 경계하고 부끄럽게 생각해야 하는 것입니다.

기도 생활을 계속하다가 어느 시기가 되면 하나님은 기도자에게 아무런 느낌이나 응답을 주시지 않을 때가 있습니다. 전에는 기도하면 너무나도 달콤하고 황홀하고 신비한 체험들을 했는데, 어느 시기가 되면 하나님은 아무런 응답을 하시지 않고 침묵 가운데 계시는 거처럼 느껴질 때가 있습니다. 그러므로 기도자는 기도하는 것이 참으로 힘들게 느껴지고 기도와 찬송, 예배 등이 무미건조하게 여겨집니다.

그러면 대개의 경우는 '내가 무슨 죄를 지었는가?'라고 생각해서 열심히 회개기도를 합니다. 물론 죄를 지으면 주님과의 교제가 막히게 되고, 주님과의 달콤한 교제의 맛을 아는 사람에게 그것보다 더 큰 고통은 세상에 없습니다. 하지만 꼭 죄를 짓지 않아도 하나님은 때가 되면 우리에게 어둠을 주십니다. 그것은 하나의 연단으로서 우리가 우리의 감정이나 감각으로서가 아니라, 온 의지로 주님만을 사랑하게 만들려는 하나님의 경륜입니다.

기도하면 너무나 기쁘고 평안하고, 신비한 것들을 언제나 체험한다면 이 세상 누구도 기도하기를 싫어할 사람은 없을 것이고 주님을 아무런 어려움 없이 섬길 수 있을 것입니다. 십자가의 요한은 자기 제자들에게 심령 현상들을 받아들이거나 실제적인 체험을 바라는 것을 금하였습니다. 후자의 것은 주님과 신성한 일치의 일부로서 받아들일 수도 있는 것이지만 그것을 바라지 말아야 한다고 가르쳤습니다. 은사나 체험에 탐닉하거나 그것들로 인하여 영적 자부심에 빠지면 영적 여정의 진전은 갑작스럽게 정지하기 때문입니다.

  기도자가 자신의 영적 여정이 어디쯤 와 있는가를 염려하지 않고, 자기를 다른 사람들과 비교하지 않으며, 다른 사람들이 받은 선물이 나의 것보다 더 좋다고 판단하지 않는 마음으로 기도에 전념하는 순수한 믿음의 길을 가는 것이 주님과 가장 깊은 관계로 나아가는 지름길입니다.[2]

  영혼의 어둔 밤을 맞이했을 때 자신의 무미건조함과 답답함을 세상적인 오락이나 사람들에게서 위로를 찾으려고 한다면 그 밤의 기간은 길어질 것입니다. 그러나 아무것도 해 주실 수 없는 상태로 차가운 무덤 안에 계신 예수님이지만 그 주님을 향한 사랑 때문에 무덤가를 떠나지 않던 막달라 마리아처럼 주님께서 내게 아무것도 안 해주셔도 나의 온 마음과 힘과 뜻을 다하여 주님을 사랑하고 그분께 계속 나아간다면 그의 사랑은 온전한 사랑이고 감정이 아닌 온 의지로, 온 삶으로 주님을 사랑하는 것이 될 것입니다. 그의 기도는 선물

---

[2] Thomas Keating, Invitation To Love<관상기도를 통해 하느님께 나아가는 길>, 엄무관 역(서울: 가톨릭 출판사, 1994), p.148.

만 좋아하는 것이 아니라, 선물을 주시는 분께 온전히 드려지는 기도가 될 것입니다.

하나님은 이러한 어두운 밤을 통하여 우리 감정과 감각을 정화시키고 우리가 그것을 의지하지 않도록 하시는 것입니다. 어떤 분들은 아무리 기도를 하여도 마음만 좀 평안할 뿐이지 어떤 특별한 체험이 없는 분들도 있습니다. 누구는 환상을 보고 신비한 체험을 했다고 하는데 '왜 나는 아무런 체험도 없고 오히려 자꾸만 잡념만 생기고 기도가 무료하다고만 느껴질까'라고 고민하는 분들도 계십니다.

이런 분들은 위에서 말한 영적인 어둔 밤의 경험을 거의 하지 않거나, 그리 큰 고통을 느끼지는 않을 것입니다. 하지만 우리가 기도를 통하여 이루고자 하는 주님과의 일치는 그 과정에서 영적인 체험이 있느냐 없느냐가 중요한 것이 아니라, 꾸준히 주님을 향한 마음으로 기도에 임하는 것이 중요합니다. 그러면 영적인 체험이 있는 사람이나 없는 사람이나 어느 날 주님과 온전한 일치를 체험하고 그분과 동행하는 삶을 살게 될 것입니다.

그분의 임재와 사랑을 우리의 모든 활동과 삶 가운데서 느끼며, 주님께서 바로 내 곁에 계심을 기도 중에서나, 일상의 삶 속에서 느끼게 됩니다. 길을 걸어갈 때나 밥을 먹을 때도, 사람들을 만나 이야기 할 때도 그분과 함께 있게 되는 것입니다.

이러한 단계에 이른 사람은 세상도 없고 나도 없고 온 우주에 충만한 주님만을 바라보게 됩니다. 자신의 모든 감정과 감각을 초월해서 주님만을 인식하고 주님만이 그 심령에 충만하게 되는 것입니다. 이런 사람은 사람들의 칭찬이나 비난에 흔들리지 않습니다. 억울한 일을 당해도 변명하지 않습니다. 결코 사람이나 환경 때문에 절망하거나 분노하지 않습니다. 모든 사람에게서 자유합니다. 자기 자신에게도 자유합니다. 오직 주님께만 매여 있습니다. 우리 주님의 사랑에 이끌려 삽니다(고후 5:14).

기도하는 것이 너무나 즐겁고 행복합니다. 세상에서 그 어떠한 고난을 당해도 주님과 교제하는 기쁨을 이기지 못합니다. 주님을 생각만 해도 너무나 행복합니다. 아침에 눈을 뜨자마자 자연스럽게 예수님을 생각하고 그분의 이름을 부릅니다. 하루 온 종일 무시로 성령 안에서 기도합니다(엡 6:18). 밤에 잠을 잘 때도 사랑하는 그분의 이름을 부르다가 잠에 듭니다. 꿈속에서도 주님을 만납니다.

이런 분들의 소원이 있다면 다만 두 가지 입니다. 오직 이 땅에 살면서 주님의 통로가 되어 우리 주님이, 그 분의 사랑이 자신의 모든 행동과 말 가운데 나타나기만을 바랍니다. 더 간절한 소원은 어서 주님이 이 땅에 재림하셔서 사랑하는 주님과 저 천국에서 영원히 함께 거하는 것입니다.

오직 주님을 더욱 사랑하고자 하는 소원으로, 주님과 하나가 되기를 바라는 간절한 기대로, 다음 장부터 소개하는 기도들을 훈련해 보시기를 바랍니다.

| 기 | 도 | 제 | 안 |

1. 시편을 크게 소리 내어서 기도하듯이 읽으십시오. 시편기자의 마음으로 감정을 넣어서 크게 읽으며 기도를 하면 점점 더 부르짖는 기도를 할 수 있습니다.

2. "주의 이름을 부르는 자는 구원을 받으리라"(롬 10:13)고 하였습니다. 기도 시간에 많은 말을 하지 않아도 됩니다. 주님의 이름을 부르기만 해도 가장 좋은 기도가 될 수 있습니다. 크게 소리를 내어서 기도를 할 수 없는 분들은 처음에는 "주여~ 주여~"하고 주님의 이름을 저음으로 길게 소리를 내어서 부르는 훈련을 하면 점점 더 큰 소리로 부르짖는 기도를 하게 될 수 있습니다.

3. 여러 명이서 통성으로 기도를 하십시오. 함께 소리를 내어서 기도를 하면 훨씬 더 부르짖는 기도를 하게 되고 신령한 능력을 체험하게 됩니다. 사도행전에서는 한 개인이 기도해서 성령이 임하지 않았습니다. 마가 다락방에서 120명이 간절히 기도할 때 성령이 임하셨습니다. 그러므로 다 같이 소리를 내어 간절히 기도할 때 성령충만을 체험할 수 있습니다.

주님의 임재 안에
거하는 기도

chapter 2

침묵 기도

주님!
한밤중이 가까운 이 때
저는 어둠과
거대한 침묵 속에서
당신을
기다리고 있습니다.
- 토마스 머튼 -

침묵 속에서 주님의 눈으로 나를 보아야
진정한 자신의 모습이 보입니다. 그러면
내가 얼마나 추하고 갖가지 욕망에
사로잡혀서 살았는지를 알게 됩니다.

    보통 사람들의 청소년기처럼 저도 예외 없이 언제나 친구들하고 밤늦게까지 어울려 다니기를 좋아 했고 혼자 있는 것을 참 싫어했습니다. 잠시라도 혼자 있거나 책상에서 공부를 할 때는 거의 언제나 라디오를 틀어 놓거나 헤드폰을 끼고 음악을 들었습니다.
    그러다가 어느 날 주님을 만났습니다. 주님께 기도하기 시작했습니다. 한 5살 때부터 교회를 다녔지만 주님은 언제나 나와는 거의 아무런 관계가 없는 먼 나라 사람의 이야기로만 들렸습니다. 하지만 주님을 만나고 기도하는 삶을 살자 멀게만 느껴졌던 주님은 이제 나의 삶 가운데 오셔서 바로 내 곁에 계신 분이라는 것을 알게 되었습니다.
    더 이상 밤마다 친구들하고 어울려 다닐 수가 없었습니다. 점점 더 혼자 있고 싶어졌습니다. 그렇게 즐겨 듣고 감미로운 세상의 음악들이 싫어지기 시작했습니다. 고등학교 때 소풍을 간적이 있습니다. 전에는 친구들하고 신나게 놀고 떠들고 술도 선생님 몰래 먹은 적이 있었지만 주님을 만난 후에는 저는 소풍 가서 혼자 숲 속에 들어가서 밥을 먹고 소풍이 끝나는 시간까지 조용히 묵상을 하고 온 적이 있습니다.

일상의 삶에서도 거의 매일 교회 지하실로 가서 조용히 혼자 있는 시간이 많았습니다. 혼자 있는 시간은 사실 혼자가 아니라 우리 주님과 단둘이서 있는 시간이기 때문입니다.

오늘날 많은 청소년들과 사람들은 소음 속에서 살아가고 있습니다. 청소년들과 젊은이들은 스마트폰을 가지고 끊임없이 음악을 듣거나 동영상을 보고 누군가와 대화를 합니다. 현실과 가상의 공간에서 채팅을 하고 게임에 빠져서 지냅니다. 가정주부들 중에도 텔레비전을 정작 보지도 않으면서도 집안일을 할 때 계속해서 켜 놓고 있는 분들이 있습니다. 화면은 보지 않아도 그 소리라도 들어야 안정이 된다고 합니다.

이렇듯 현대인들은 수많은 소음 가운데 갇혀 조용히 침묵 속에서 자신을 살펴보는 삶을 잘 모릅니다. 오히려 조용하면 불안해하며 어색해 합니다. 사람들과 만남 속에서도 침묵을 잘 용인하지 못합니다. 끊임없이 웃고 떠들어야 좋은 만남이라고 생각하는 경향이 있습니다.

그래서 데이비드 리스먼의 "군중 속의 고독"이라는 말처럼 현대인들은 언제나 수많은 만남을 현실과 스마트폰을 통해 가질 수 있지만, 진정한 만남이 없기에 고독 속에서 혼자 신음하고 있는 것입니다. 파스칼은 팡세에서 이르기를 "사람들은 질병, 불행, 고통 등을 해결할 수 없기 때문에 잊기로 했다"라고 하였습니다. 이 말처럼 사람들은 자신에 대하여, 자신의 문제에 대하여 생각하면 너무나 비참하기 때문에 아예 전혀 생각을 안 하기로 작정한 사람들처럼 그저 바쁘게 살아갈 뿐입니다.

그래서 사람들은 참으로 자기가 누구인지를 모릅니다. 자기가 진정 좋아하는 것이 무엇인지도 모르는 체 세상의 유행을 따라 이리 뛰고 저리 뛰고 하는 것입니다. 대중 매체(mass media)에 세뇌당하여 그저 획일화된 가치관만을 추구하다가 인생을 허비하며 살고 있습니다.

주님께서 우리에게 주신 놀라운 축복 중에 하나는 기도입니다. 침묵은 기도의 시작이자 마지막입니다. 그러므로 기도를 하기 원하는 성도는 먼저 침묵을 배워야 합니다. 시편 기자는 이렇게 노래했습니다.

"나의 영혼이 잠잠히 하나님만 바람이여(My soul waits in silence for God only; NASB) 나의 구원이 그에서 나는 도다"(시 62:1).

침묵 속에서 주님을 바라볼 때 우리는 주님의 응답을 체험할 수가 있는 것입니다. 우리는 침묵을 통하여 참된 자기를 발견하고 나아가 하나님 앞에 엎드려 세미한 주님의 음성을 들을 수 있는 것입니다.

1) 나를 아는 침묵

침묵은 먼저 외적 침묵과 내적 침묵으로 나눌 수 있습니다. 외적 침묵이란 실제적인 외부의 소음과 방해가 없는 것을 말하는 것입니다. 주님과의 친밀하고 깊은 교제를 위하여 조용하고 세상의 번잡함과 가능한 분리된 곳이 좋을 것입니다. 그래서 우리 주님께서도 세례를 받으시고 성령의 충만함을 받은 후에 광야로 들어가셔서 금식하며 40일 동안 기도하셨습니다 (마 3:13-4:2).

바울도 다메섹 도상에서 주님을 만난 후에는 아라비아 사막으로 가서 3년 동안 홀로 거하며 주님과 깊은 교제를 하였습니다 (갈 1:17,18). 그 후로도 사막 교부들을 위시하여 수많은 믿음의 사람들이 사막으로, 숲 속으로, 동굴 속으로 들어가서 고독과 침묵 속에서 주님을 만났던 것입니다.

그러나 외적인 침묵이 절대적인 것은 아닙니다. 현대인들에게 외적인 침묵의 장소를 찾아서 기도하기란 좀 힘들기 때문입니다. 외적인 침묵은 내적인 침묵으로 가는 길이 되기 때문에 중요한 것이지만 반드시 외적인 침묵이 있어야 내적인 침묵을 가질 수 있는 것은 아닙니다.

내적인 침묵에 깊이 들어가면 사실 주위의 모든 소음이 더 이상 들리지도 않고 복잡한 지하철 안에서도 내면의 고요 속에 있을 수가 있는 것입니다. 그럼에도 불구하고 처음 침묵을 훈련하는 사람에게는 외적인 침묵이 중요합니다. 조용한 자기 방이든지 교회에 가서 기도를 하는 것이 침묵기도를 하는 데 필요합니다.

내적인 침묵이란 내 안의 모든 생각과 감정이 잠잠해 지는 것입니다. 모든 지적인 활동이 멈추고 내 안의 자신의 소리가 사라지는 것입니다. 그리고 주님의 눈으로 나를 바라보는 것입니다. 나에 대한 주님의 음성을 듣는 것입니다.

결코 스스로 자기 반성이나 사색에 빠지라는 말이 아닙니다. 영성 생활에 있어서 자기 사색은 최대의 적입니다. 어떤 분들은 너무 생각이 많아서 잠을 잘 때도 온갖 잡념과 사색 속에서 잠을 못자는 분들이 있는데 그런 분들은 주님과의 깊은 교제에 들어가기가 힘듭니다. 인간이 스스로 자기를 들여다보는 것은 자아가 더 강해질 뿐입니다. 그래서 회개하지 않고 스스로 반성한 가룟 유다는 목매어 자살한 것입니다.

세상에도 많은 명상훈련이 있습니다. 그런 것을 통하여 침묵과 명상에 빠져 훈련을 하면 자기 혼의 잠재력이 개발되어서 초능력과 초

월적인 것을 얻을 수가 있습니다.[1] 초월적 명상, 기 훈련 등을 통하여도 황홀감과 신비한 것을 체험할 수 있습니다. 그러나 그러한 것들은 천사로 가장하는 악한 영과의 교류를 하게 되고 심각한 영적인 질병에 걸릴 수 있기 때문에 그리스도인은 피해야 하는 것입니다. 우리는 자기 사색을 모두 기도로 바꾸어야 합니다. 우리의 침묵과 묵상 훈련은 주님 앞에서 주님과 함께 하는 것이 되어야 합니다.

내가 누구인지를 아는 것은 매우 중요합니다. 그런데 문제는 내가 나를 알 수 없다는 것입니다. 스스로 아무리 사색하고 연구해도 내가 나에 대한 지식은 너무나 부분적이라는 것입니다. 저는 고아원에서 아이들을 지도한 적이 있습니다. 그 중에 몇몇 아이들은 자기들의 진짜 생일이나 이름을 모릅니다. 너무 어렸을 때 맡겨졌기 때문에 고아원에서 대충 나이를 짐작해서 이름을 짓고 호적을 만들어 줍니다. 아이들이 자라서 자신의 진짜 이름이나 생일을 모른다고 해서 별다른 사회적인 불이익이나 어려움을 겪지 않습니다.

그럼에도 불구하고 아이들은 자신의 진짜 생일과 이름에 대해서 너무나도 알고 싶어 합니다. 그래서 자신을 버린 부모에 대해서 분노를 가지고 있어도 어떻게 해서든지 만나고 싶어 하고, 만나면 자신의 진짜 생일과 이름을 묻고 싶다고 합니다.

아기가 태어나서 자라면 그 아이에 대해서 가장 잘 알고 있는 사

---

[1] 혼의 잠재력에 대한 자세한 글은 생명의 말씀사에서 출판한 윗취만 니의 "혼의 잠재력"을 참조하시기 바랍니다.

람은 그 부모입니다. 부모는 그 아이가 언제 태어났는지, 이름은 무엇인지, 무엇을 좋아하고 싫어하는지, 성격은 어떤지를 누구보다 더 잘 알고 있습니다. 마찬가지로 침묵 속에서 자신의 모습이 잘 보이기는 하지만 가장 잘 알 수 있는 길은 주님께서 나에게 보여주시고 말씀해 주시는 것입니다. 그렇기 때문에 스스로의 사색이나 관찰이 아닌 주님 앞에서 침묵 가운데 서 있어야 진정한 자기를 발견하게 되는 것입니다.

침묵 속에서 주님의 눈으로 나를 보아야 진정한 자신의 모습이 보입니다. 그러면 내가 얼마나 추하고 갖가지 욕망에 사로잡혀서 살았는지를 알게 됩니다. 얼마나 연약하고 부족한지, 정말 아무것도 아니라는 것을 뼈저리게 느끼게 됩니다. 그 동안 얼마나 많은 위선과 허세, 그리고 관습이라는 가면 속에서 자기도 자신이 누구인줄 모르고 살아왔던 것을 깨닫게 됩니다. 양파 껍데기처럼 벗겨내도 계속 껍질만 나오는 거짓 자아에 묶여서 살았던 나를 보게 됩니다.

그럼에도 불구하고 주님의 눈으로 나를 보면 결코 절망에 빠지는 법이 없습니다. 자신의 실존을 발견하지만 그 모습을 받아주시고, 싸매주시고, 치유하시는 주님을 또한 알게 되기 때문입니다. 침묵 가운데 들리는 주님의 음성은 언제나 "내가 너를 참으로 사랑한단다"라고 하십니다. 주님께서 사랑으로 보여 주시는 나의 모습은 상처가 되지 않습니다.

침묵은 주님 앞에서 자신의 진정한 모습을 알게 됩니다. 그리고 그 모습을 가지고 주님께 나아가게 되는 것입니다. 헨리 나우웬은 <마음의 길>이라는 책에서 사막의 교부 아세니우스(Arsenius)의 체험을 소개하고 있습니다.

아세니우스는 원래 데오도시우스 황제의 궁정 학자로서 원로원의 의원이었고 왕자들의 가정교사였는데, 평소 자신의 부족함을 절감한 나머지 "주여 나를 구원하소서"라는 기도를 되풀이 했다고 한다. 그런데 어느 날 밤 자기 내면으로부터 하나님의 응답을 듣게 되는데 "떠나라. 침묵하라. 기도하라!"(Free from the World, Be silent and Pray!)는 것이었다. 그는 즉시 로마 항구로 나가 몰래 배를 타고 알렉산드리아로 항해하여 곧장 사막으로 들어갔다. 그는 사막 한 가운데 도착하여 "주여 내가 말씀대로 세상으로부터 떠나왔습니다!"라고 기도했다. 그러나 여전히 내면의 소리는 떠나라는 음성이었다. 그는 한동안 그 의미를 알 수 없어 고심하다가 마침내 자신의 내면으로의 여정을 시작하기 위해 그는 먼저 세상의 집단의식으로부터 떠나야 했고 그 떠남은 고독을 낳았으며 그 고독에서 언어와 사고가 없는 침묵을 배웠다. 그러나 그 침묵은 평온한 고요만이 아닌 폭풍우가 몰아치는 밤바다의 격정을 체험케 하고 마침내 그는 절규와 탄식의 기도에 매달리게 되었다.[2]

---

[2] Henri J. M. Nouwen, The Way of Heart <마음의 길>, 이봉우 역(서울·분도출판사, 1989), pp. 12-13.

그는 아마 침묵 속에서 자신의 실상을 깨닫고 주님 앞에서 탄식하며 부르짖었을 것입니다. 우리는 이렇게 침묵기도를 통하여 나를 알고 주님 앞에 나아가 엎드려 나를 향하신 주님의 음성을 들어야 하는 것입니다.

2) 주님을 아는 침묵

우리 주님은 살아계신 하나님이십니다. 그분은 말씀으로 천지를 창조하셨고 수많은 선지자를 통하여 우리 조상에게 말씀하셨으며 지금도 우리에게 그분의 음성을 들려주시는 분이십니다. 그러므로 기도를 통하여 우리의 사정을 주님께 아뢰고 나서는 그분의 음성을 들어야 합니다.

주님은 성경을 통하여 말씀하십니다. 환경을 통하여도 우리에게 말씀하십니다. 믿음의 형제, 자매를 통해서도 주님의 뜻을 알 수 있습니다. 그러나 우리 안에 와 계신 성령님을 통하여 기도 시간에 그분을 음성을 듣는 것이 중요합니다. 그러기 위해서는 주님 앞에서 침묵 훈련을 해야 합니다. 왜냐하면 주님의 음성은 조용한 가운데 들리는 세미한 음성이기 때문입니다.

"여호와께서 가라사대 너는 나가서 여호와의 앞에서 산에 섰으라

하시더니 여호와께서 지나가시는데 여호와의 앞에 크고 강한 바람이 산을 가르고 바위를 부수나 바람 가운데 여호와께서 계시지 아니하며 바람 후에 지진이 있으나 지진 가운데도 여호와께서 계시지 아니하며 또 지진 후에 불이 있으나 불 가운데도 여호와께서 계시지 아니하더니 불후에 세미한 소리(gentle whisper)가 있는지라 엘리야가 듣고 겉옷으로 얼굴을 가리 우고 나가 굴 어귀에 서매 소리가 있어 저에게 임하여 가라사대 엘리야야 네가 어찌하여 여기 있느냐"(왕상 19:11-13).

엘리야에게 주님께서 큰 소리가 아닌 세미한 소리로 말씀하셨습니다. 영어성경에서는 '조용한 속삭임'이라고 번역했습니다. 속삭임과 같은 작은 소리를 들으려면 우리의 심령은 깊은 침묵 속에서 고요함 가운데 그분의 음성에 귀를 기울이고 있어야 합니다.

많은 성도들이 기도는 많이 하는 데 주님의 음성은 잘 듣지 못합니다. 계속해서 자기 말만 열심히 하고는 곧장 일어나서 가버립니다. 기도를 시작할 때 먼저 침묵 가운데 거하며 잠잠한 가운데 주님께 무엇을 기도해야 하는지 물어보아야 합니다. 혹시 주님께 나아가는데 어떤 죄나 걸림돌이 내 안에 있는지를 물어보아야 합니다.

외적 침묵이 안내하는 내적 침묵이란 우리 안에서 하나님께서 말씀하시도록 마음을 여는 것입니다. 교부들도 기도에 관해 "우리 안에서 하나님이 기도 하신다"라고 말했습니다. 그러므로 내면이 고요할수록 성령님께서 우리 안에서 기도하시는 것을 알게 됩니다.

진정한 기도란 우리가 스스로의 힘으로 하는 그 무엇이 아닙니다. 그것은 하나님께서 성령을 통해 우리 안에서 하시는 그 무엇입니다. 그렇다면 기도가 오로지 우리의 손에 달렸다고 생각하는 대신에, 우리는 하나님께서 우리 안에서 기도하시도록 마음의 고요함을 추구해야 하는 것입니다.[3] 기도 중간이나 마지막에도 "주여, 말씀하소서. 주의 종이 듣겠나이다"라고 하며 침묵 속에서 그분의 음성을 기다려야 합니다.

주님의 음성은 사람의 육성은 아니지만 그 뜻과 의미를 우리의 영으로 직감할 수 있습니다. 세미한 소리지만 분명히 들리는 음성입니다. 우리가 신앙생활을 하면서 성경에서 분명히 말하는 것을 하나님의 뜻을 알고 순종하기는 쉽지만, 성경에 나오지 않는 우리 삶의 구체적인 중요한 문제들은 성령의 인도함을 받아야 합니다.

사도행전에서 성령의 충만을 받은 후에 가장 큰 특징이 오순절 계통의 교단에서는 방언이라고 합니다. 하지만 사도행전을 잘 보면 성령이 임하시고 방언을 했다는 기록은 3번 밖에 안 나옵니다. 그러나 성령의 인도함을 받았다는 말은 6번 정도가 나옵니다. 성령 충만의 가장 큰 특징은 성령의 인도함을 받는 삶인 것입니다.

성령이 충만한 사람일수록 주님의 뜻대로 살고 싶습니다. 그러기 위해서는 우리 인생의 크고 작은 일들을 주님께 물어보아야 합니다.

---

3) Graham Doe ed, Pathways of Prayer<나에게 맞는 기도방법 찾기>, 강우식 역(서울:바오로딸, 1996), pp.124-125.

주님께 자꾸 묻고 침묵 가운데 주님의 음성을 기다리면 그 음성을 들을 수가 있습니다. 처음에는 이것이 내 음성인지, 사탄의 음성인지, 주님의 음성인지 잘 구분이 되지 않을 것입니다. 그러나 자꾸 듣고 때론 실패하다보면 어느 것이 주님의 음성인지를 구분할 수가 있을 것입니다.

여호수아 9장에 보면 기브온 사람들이 변장을 하고 여호수아에게 와서 거짓말로 속여서 화친 조약을 맺자고 하자, 여호수아는 그들의 말과 행색만 보고 주님께 묻지 않고 조약을 맺어서 커다란 실패를 합니다(수 9:3-15). 우리는 인생을 살면서 이렇듯 주위 환경이나 나의 경험과 욕망을 따라 살면 반드시 실패하게 되어 있습니다. 중요한 일일수록 더욱 주님께 묻고 인도함을 받아야 하는 것입니다.

장로회 신학대학교를 다닐 때부터 6년간 여름마다 찬양 선교단을 데리고 일본에 가서 단기 전도를 한 적이 있습니다. 한해는 일본에 유학 온 노총각이 우리 팀의 한 자매를 보고 반했는지 기도 중에 하나님이 그 자매와 결혼해서 일본에서 선교사가 되라고 했다면서 프로포즈를 했습니다.

그 자매는 전혀 알지도 못하는 사람이 이런 말을 하는 것에 놀랐지만 하나님이 계시했다고 그리고 오랫동안 자신도 선교사가 되겠다고 기도해 오고 있던 차라 쉽게 거절을 하지 못하고 1년간 서로 왕래를 하면서 양가의 부모까지 서로 인사를 했습니다. 하지만 1년 후 일본에 다시 갔을 때 그 자매는 큰 고민에 빠졌습니다. 1년이 지났지만 여전히 그 형제에게 인간적인 매력이나 사랑을 느낄 수가 없었기 때문입니다.

  그러자 그 형제는 1주일의 시간을 주면서 분명하게 결혼의사를 밝히라고 최후통첩을 하였습니다. 우리 팀은 아침부터 여러 전도 사역을 하고 저녁에는 찬양전도집회를 하기 때문에 매우 피곤하였는데도 불구하고 그 자매는 밤이 늦도록 기도하면서 간절히 하나님의 뜻을 구하였습니다. 그 모습이 너무나 안쓰러워서 저는 그 자매를 불러서 이야기를 했습니다.

"하나님께 기도 했더니 뭐라고 응답하세요?"
"아무리 기도해도 잘 모르겠어요."
"그러면 그 형제에게 뭐라고 말할 겁니까?"
"그냥 결혼 하겠다고 할 생각이에요."
"왜요?"
"오랫동안 그 형제가 저에게 구애를 했고 지금은 별다른 감정이 없지만 제가 기도해 온 데로 선교사로 함께 사역하다보면 좋은 마음이 들지 않을까 해서요."
"그러면 제가 대신 하나님의 뜻을 구하고 말해 주어도 될까요?"
"물론이지요. 단장님이 말씀하시는 것을 저는 신뢰합니다."
"제가 기도해 보니깐 주님께서는 그 형제와 결혼하는 것을 기뻐하지 않으시는 것 같습니다."

이 말을 들은 그 자매는 정말로 그 다음 날 가서 결혼을 못하겠다고 말해 버렸습니다. 그러자 제가 좀 걱정이 되기 시작했습니다. 그 형제는 기도하고 결혼하는 것이 하나님의 뜻이라고 말했고, 그 자매는 노처녀인데 혹시라도 내가 주님의 음성을 잘못 듣고 남의 혼사 길을 막은 건 아닌 지 조금 불안했습니다.

그러나 한국으로 돌아오고 얼마 후 일본에서 그 형제의 평소 생활이 좋지 못하였다는 소식과 함께 그 형제가 선교사 되는 것을 포기하고 한국으로 돌아가 버렸다는 말을 들었습니다. 우리 팀 자매가 그 형제와 결혼하려고 했던 것은 오직 선교사가 되겠다는 그 형제의 말 때문이었는데, 그 형제는 선교사를 포기했다는 것입니다. 얼마 후 그 자매는 신실한 인도 선교사를 만나 결혼해서 지금도 인도에서 선교사로서 열심히 사역을 하고 있습니다.

우리 인생의 이렇게 큰일에서부터 작은 일까지 주님의 인도함을 받는 다면 얼마나 좋겠습니까! 그러기 위해서는 평소에 주님께 묻는 삶을 살아야 하고 침묵 가운데서 세미한 주님을 음성을 들어야 하는 것입니다. "기도 동역자"를 지은 존 맥스웰(*John C. Maxwell*)목사님은 자신의 경건의 시간중 20%만 기도하고 나머지 80%는 주로 주님의 음성을 듣는데 사용한다고 하시면서 다음과 같이 말씀하셨습니다.

"하나님을 기다리는 것이나 주의를 기울려 듣는 것 모두 쉽지는 않습니다. 우리는 인스턴트 사회에 살고 있기 때문에 대다수의 사람들은 이 두 가지를 잘하지 못합니다. 그러나 만일 당신이 인내할 수 있다면 배울 수 있습니다. 사실 그것에 따라오는 보상이란 엄청납니다. 하나님의 음성을 듣기 원한다면 머지않아 곧 듣게 될 것입니다."[4]

침묵기도는 처음부터 잘 되지는 않습니다. 오랜 훈련이 필요합니다. 침묵기도를 시작하시는 분들은 수많은 잡념과 끊임없는 분심(分心)으로 고생할 것입니다. 이 분심을 어떻게 대처해야 하는지를 이야기 해 보겠습니다.

3) 분심(分心) - 잡념(雜念)

① 자연스러운 것

침묵기도나 다른 기도에서 마음에 잡념이 들고 자꾸 이상한 상상이 생기고 마음이 나누어지는 것에 대하여 대단히 언짢아하거나 실망하고 기도를 아예 포기하는 분들이 있습니다. 그것은 대단히 불행하고 지혜롭지 못한 결정입니다. 기도 중에 마음이 흐트러지고 여러 가지 생각이 드는 것을 자연스럽게 받아 들여야 하는 것입니다.

---

[4] John C. Maxwell, Partners in Prayer<기도 동역자>, 정인홍 역(서울:디모데, 2003), pp. 63-65.

우리가 육으로 사는 것이 너무나 오래되어서 갑자기 영의 활동을 하려고 하면 잘 안 되는 것이 당연한 것입니다. 잡념이 들 때 우리는 하나님 앞에서 자신의 참 모습을 다시 한 번 보게 되는 것입니다. 하나님의 도우심이 없다면 기도조차 할 수 없는 연약한 자임을 깨닫고 겸손을 배우게 되는 것입니다.

그러한 낮아짐 속에서 주님의 자비와 은혜만을 전적으로 의지하면서 계속해서 꾸준히 기도할 때 우리 영혼의 고요함과 평화를 체험하게 되는 것입니다. 한 시간 내내 기도는 안 되고 계속 잡생각이나 하는데 시간낭비하지 말고 기도를 그만두자고 생각해서는 안 되는 것입니다. 우리는 주님을 위해서 그리고 나를 위해서 그 정도의 거룩한 낭비를 아까워해서는 안 됩니다.

분심이나 잡념은 주님께 나아가는 데 하나의 과정입니다. 내 안의 복잡하고 주님 보시기에 합당하지 않은 것들이 솟아 올라와서 정결케 되는 것입니다. 그러므로 실망치 말고 주님을 향한 사랑과 열망으로 계속 기도를 해야 합니다.

② 기도로 전환

사소한 잡념들이나 별루 가치가 없어 보이는 생각들은 떨쳐버리고 계속 기도로 돌아와야 하지만 계속해서 떠오르는 것이 있다면 그것을 놓고 기도를 해야 합니다.

분심은 때로는 우리에게 도움이 될 수 있습니다. 그것들은 주님과 나와의 관계 안에 아직 완전히 통합되지 않은 내 삶의 부분들을 알려 주기 때문입니다. 예를 들면, 내가 사랑하는 어떤 사람이 기도 중에 자꾸 분심거리로 등장한다면 그것은 그 사람과 나와의 관계가 나와 예수님과의 관계 속에 아직 완전히 통합되지 않았음을 뜻하는 것입니다. 단순히 분심거리로 제거하려고 하지 말고 기도하는 심정으로 그 사람과 나의 관계를 예수님의 손에, 그분의 주권 아래 맡겨 드려야 합니다.

이런 관계의 대부분의 문제는 '집착'입니다. 나는 그 사람을 너무 사랑하고 있다고 생각할 수도 있겠지만 이것은 결코 맞지 않습니다. 우리는 사람들을 너무 많이 사랑하는 일은 없습니다. 우리는 늘 더 많이 사랑해야 합니다. 문제는 내가 그 사람을 주체보다 객체로 여기고서 소유적으로 사랑하려고 하는 데 있습니다. 나는 사랑하는 사람을 자유롭게 놔주기 보다는 소유하려는 경향이 있습니다. 나는 그 사람과 그 사람에 대한 나의 사랑을 주님께 가져감으로서 나의 생활 속에서 주님의 뜻에 일치될 수 있는 것입니다. 이러한 조치는 어떤 분심에도 유용합니다.[5]

어떤 사람에 대해 부정적인 생각이 자꾸만 든다면 그 사람을 위해서 기도하십시오. 그 삶에 대한 나의 분노나 불평, 혹은 억울함을 주님 앞에 내려놓고 그 사람과 나 사이에 주님의 개입을 간구하십시오.

---

5) 로버트 훼리시, 루시 루니 공저, <관상 기도 법>(서울:성요셉출판사, 1994), PP. 35-36.

기도 중에 떠오르는 여러 가지 산만한 생각 중에는 받아 들여야 할 것이 있고 버려야 할 것이 있습니다. 그러므로 주님과 함께 힘쓰고 애써 기도할 때, 주님은 우리 마음의 폭풍을 잠잠하게 해 주실 것입니다. 포기할 것은 포기하도록 도와주시고, 받아들일 것은 받아들이게, 더 깊이 신뢰할 것은 더 깊이 신뢰할 수 있도록 도와주십니다.[6]

③ 바라보기

계속해서 드는 잡념을 이기기 위해서 눈을 뜨고 십자가, 촛불, 자연 등을 바라보는 것이 좋습니다. 눈을 뜨고 한 곳을 바라보는 것이 훨씬 마음을 모으는 데 도움이 됩니다.

어두운 방에 촛불을 하나 켜 놓고 그것을 바라보면서 침묵할 수 있습니다. 빛이 어둠을 물리치듯이 내 마음의 어둠을 물리쳐 달라는 마음으로 침묵기도를 할 수 있습니다. 촛불의 따스함을 느끼면서 주님의 사랑으로 내 마음을 녹여 달라고 침묵기도를 할 수 있습니다.

16세기의 영성가 중에 한 사람인 아빌라의 성 테레사는 높은 수준의 기도에 대하여 여러 책을 썼던 분입니다. 하지만 그녀는 자신의 자서전에서 18년 동안이나 기도할 때 드는 잡념으로 고통을 당했다고 고백하였습니다. 그녀는 그러한 분심을 없애기 위해 마음속으로 주님의 모습을 그리고 그분을 바라보았으며, 자연을 바라보는 것이 도

---

[6] Fr. Bill Shock, SJ, Prayer and Personal Growth<기도와 인격 성숙>, 김미경 역 (서울:성바오로, 1999), p. 91.

움이 되었다고 다음과 같이 말했습니다.

"내 묵상 방법은 다음과 같았습니다. 오성의 도움으로는 여러 가지를 생각할 수가 없기에 내 안에 그리스도를 상상하려고 애를 썼습니다. 내 영혼은 예수님이 홀로 계실 듯한 곳에서 그 모습을 바라보는 것이 훨씬 은혜가 컸다고 생각합니다. 주님은 홀로 슬픔에 잠겨 계시어서 마치 도움이 필요한 사람처럼 나를 당신 곁으로 맞아 주시는 듯 싶었습니다. 나는 이런 단순한 행동을 자주 했습니다. 특별히 겟세마네 동산에서 주님이 기도 드리시는 장면을 묵상하며 주님 옆에 함께 있는 것을 좋아했습니다. 나는 주님이 흘리신 피땀과 그 때 주님이 지니셨던 슬픔을 생각하고 할 수만 있다면 그 고통 중에 흘리신 땀을 닦아 드리고 싶었습니다. 그렇지만 내 자신의 너무도 큰 불충실을 되새기고는 감히 그렇게 할 기분이 되지 못했던 것으로 기억됩니다. 나는 잡다한 생각이 - 그것은 퍽 많았고 내 괴로움의 근원이었습니다만 - 허락하는 한 이렇게 주님 옆에 오랫동안 있었습니다. 여러 해 동안 거의 매일 밤 잠들기 전에 나는 내 잠을 하나님께 맡길 때 늘 겟세마네 동산의 주님의 기도를 잠깐 생각하였습니다. 빨리 마음을 모으기 위해서 나는 전원풍경이나 물, 꽃 같은 것을 보는 것이 크게 도움이 되었습니다. 그런 것들은 나의 창조주를 생각하게 하였고, 나를 눈뜨게 하였으며 마음을 깊이 가라앉혀 줌으로써 책을 대신해 주었습니다."[7]

이렇게 눈을 뜨고 기도를 하다가 어느 정도 마음이 안정되고 집중을 할 수 있다면 눈을 감고도 침묵기도를 잘 할 수 있게 될 것입니다.

④ 예수의 이름으로 쫓아내기

기도를 통해 주님과 깊은 교제에 들어가는 것을 원수 마귀는 결코 원하지 않습니다. 그래서 갖가지 방법으로 우리의 기도를 방해합니다. 그러므로 기도를 통해 우리는 영적 전쟁을 해야 합니다. 영적으로 깊은 전쟁과 다양한 형태의 영적 싸움이 있는 데, 그 중에 하나가 잡념, 분심, 졸음 등에 대한 것입니다.

쓸데없는 생각이 꼬리를 물고 자꾸만 일어난다면 우리는 큰 소리로 "예수의 이름으로 명하노니 잡념아 물러가라"고 외쳐야 합니다. 일어서서 예수의 이름을 선포하고 보혈의 찬송을 부른 후에 소리를 크게 내서 기도를 해야 합니다. 이렇게 소리를 내서 기도를 하면 집중이 잘되고 영적으로 강해집니다. 그러고 나서 다시 침묵기도를 하면 좋습니다.

잡념뿐만 아니라 마음이 자꾸만 불안하거나 뭔가 막혀 있는 듯이 가슴이 답답할 때도 이렇게 악한 영들을 묶어야 기도의 문이 열리게

---

[7] 부르고스 가르멜 수녀원, <주님의 기도로 관상까지>(서울·성바오로, 2003), pp.110-111.

됩니다. 기도의 문이 열리고 계속 기도를 하다가 깊은 단계로 들어가기 직전에도 마귀는 여러모로 방해를 해서 기도를 중간에 그만 두게 만듭니다. 악한 것이 보이게 하거나, 악한 음성이 들리거나, 신체의 어떤 거짓 느낌을 주거나, 등골이 오싹할 정도로 두려움을 주기도 합니다. 그 때도 도망가지 말고 강력하게 예수의 이름으로 대적을 하면 곧 그런 현상들은 사라지고 깊은 기도의 단계로 들어 갈 수 있게 됩니다.

기도 가운데 영적 전투를 하면 힘이 들고 심령이 무거워집니다. 많은 성도들이 그러면 자신이 영적 전투를 하는 줄을 모르고 단순히 기도가 잘 안 되는 줄 알고 그냥 기도를 마치고 맙니다. 우리는 결코 물러서지 말고 계속 기도를 통해 승리를 해야 합니다. 이렇게 영적 전쟁에서 승리를 하면서 우리의 영은 강력해 지는 것입니다.

4) 긴장 풀기

사람은 영, 혼, 육으로 이루어져 있고(살전 5:23) 그것들은 서로 연결이 되어 있습니다. 기도란 영이신 하나님과 우리의 영이 교제를 하는 것입니다. 하지만 우리의 몸이 너무 지쳐있거나 긴장하고 있다면 영으로 기도하기 어렵습니다.

할 수만 있다면 가장 우리 몸의 상태가 좋을 때 긴장을 풀고 기도를 하면 우리의 영이 잘 흘러나올 수 있게 되는 것입니다. 물론 이것은 절대적인 조건은 아닙니다. 우리의 몸과 마음이 너무나 지쳐있어도 기도할 수 있습니다. 오히려 기도를 통하여 지쳐있던 우리의 몸과 마음이 힘을 얻고 강건해 질 수가 있습니다.

요한 웨슬레의 어머니 수산나는 목사의 아내로, 19명의 자녀의 어머니로서 결코 안락한 삶을 살 수 없었지만 언제나 신앙과 사랑으로 자녀들을 교육해서 '감리교의 어머니'라는 별명까지 가지고 있습니다. 어느 날 수산나는 바깥일을 마치고 집에 들어오면서 말하기를 "아! 오늘은 정말 피곤하구나, 교회에 가서 기도를 하고 와야 겠다"라고 하자, 요한은 "어머니, 그렇게 피곤하신데 교회 가서 기도하지 마시고 집에서 그냥 쉬세요"라고 했습니다. 수산나는 이르기를 "얘야, 나는 너무 피곤하기 때문에 교회 가서 기도를 하려고 하는 것이야. 기도하면 우리 주님께서 새 힘을 주신단다"라고 했습니다.

얼마나 아름다운 이야기입니까! 수산나는 이런 깊은 기도의 은혜를 받았기 때문에 요한, 찰스 웨슬레 같은 위대한 주님의 종들을 키울 수 있었던 것입니다. 이러한 은혜가 있기 때문에 우리는 40일 금식기도를 할 수가 있는 것입니다. 우리의 영이 기도를 통해 너무나 충만하면 육의 연약함을 이겨낼 수가 있는 것입니다.

제가 아는 귀한 권사님은 아주 연약한 육체를 가지신 분인데도 금식기도를 많이 하신 분입니다. 그분이 한번은 금식을 하면서 몸이 너무나 힘들었는데 환상 중에 하늘에서 과일이 하나 내려 와서 그것을 먹고 힘을 얻어 계속 금식기도를 할 수 있었다는 아름다운 간증을 하셨습니다.

우리가 이 정도로 깊은 기도의 은혜를 체험한다면 얼마나 귀하고 감사한 일인지 모릅니다. 그러나 대개의 경우는 육체가 너무나 피곤하면 기도하기가 쉽지 않습니다. 그러므로 주님과 사귀는 가장 귀한 시간을 위하여 최대한 우리 몸과 마음이 강건하고 편할 때 기도를 해야 하는 것입니다.

세상일이든 주님 일이든, - 사실은 이 구분 자체가 없어야 합니다. - 일을 위하여 우리 몸과 마음을 다 써버리고 기도할 여력이 없다면 우리가 아무리 힘써서 하는 일이라도 아무런 열매가 없을 것입니다.

긴장을 풀고 마음을 고요하게 하기 위해서 무엇보다도 우리의 호흡을 규칙적으로 깊게 해야 합니다. 마음에 분노, 근심, 흥분, 긴장 등이 있으면 우리의 호흡은 얕고 짧아지게 됩니다. 그럴 때 호흡을 천천히 깊게 하면 마음이 안정되는 데 많은 도움이 된다는 것은 상식적인 이야기입니다.

그렇기 때문에 기도를 할 때 호흡을 조절하는 것은 매우 중요합니다. 천천히 복식호흡(배로 하는 호흡)을 규칙적으로 하면 긴장이 잘 풀리고 안정감과 평안함을 느낄 수가 있습니다. 이렇게 의식적으로 훈련을 하면 나중에는 저절로 호흡이 잘 될 것입니다. 침묵기도 중에 잡념이 생기면 호흡을 깊게 하면서 그 호흡에 마음을 두면 많은 도움이 되기도 합니다.

침묵기도는 결코 쉽게 습득되지 않습니다. 수많은 만남과 소음에 익숙한 현대인들에게 침묵기도를 위한 고독과 소리 없이 가만히 있는 것은 너무나 어려운 일입니다. 많은 사람들이 고독을 견디지 못합니다. 조용한 침묵에 불안을 느끼고 오히려 소음이 있어야 거짓 안정감을 느낍니다. 그래서 침묵훈련은 금욕훈련과 같이 어려운 훈련입니다.

출애굽기 14장을 보면 이스라엘 백성 앞에는 홍해가 있고 뒤에는 애굽의 군대가 미친 듯이 달려오고 있는 절박한 상황 속에서 모세를 통한 하나님의 말씀은 가만히 있으라는 것이었습니다.

"모세가 백성에게 이르되 너희는 두려워말고 가만히 서서 여호와께서 오늘날 너희를 위하여 행하시는 구원을 보라"(출 14:13).

하지만 이런 상황에서 가만히 있는 것처럼 힘든 것이 없습니다. 우리는 어떤 큰일을 닥치면 이리 뛰고 저리 뛰고 내가 할 수 있는 일을 다 해보다가 그래도 안 되면 그 때서야 기도합니다. 생명이 위태로운 상황 속에서 아무것도 하지 말고 가만히 하나님이 어떻게 구원하시는가만 바라보고 있으라는 것은 보통 어려운 요구가 아닌 것입니다. 그래서 많은 성도들이 침묵기도에 깊이 들어가지 못하는 것입니다. 토마스 머튼도 침묵을 찾는 사람이 많지 않다고 하였습니다.

"고독한 삶을 사는 소명 - 숲과 산 또는 바다나 사막의 광활한 풍경이 빚어내는 침묵에 자신을 내어주고, 자신을 넘겨주며, 자신을 완전히 맡기는 것. 태양이 땅 위로 솟아올라 빛으로 그 침묵을 가득 채우는 동안 고요히 앉아 있는 것. 아침이면 일어나서 기도하고 일하며, 그 땅에 어둠이 내리고 침묵이 어둠과 별들로 채워지는 밤이면 힘써 묵상하는 것. 이것은 참되고 특별한 소명입니다. 그러한 침묵에 완전히 빠져들어 침묵이 자신의 뼛속까지 스며들게 하고, 오직 침묵만을 호흡하고, 침묵을 먹고 살며, 자신의 삶의 본질 자체를 살아 있고 깨어 있는 침묵으로 변화시키고자 하는 사람들은 드뭅니다."[8]

생명으로 인도하는 문은 좁듯이 (마 7:14) 많은 사람들이 예수님을 믿지만 그분을 사랑하는 사람은 소수입니다. 많은 사람들이 기도를 하지만 깊은 기도의 삶은 사는 사람들은 소수입니다. 이 글을 읽는 모든 분들은 편하고 쉬운 길이 아닌 좁고 힘든 길이지만 그 길을 걸어가기를 간절히 소원하는 아름다운 분들이 되시기를 바랍니다.

---

8) Thomas Merton, Dialogues with Silence<침묵 속의 만남>, 장은명 역(서울:성바오로, 2001), p. 1.

| 기 | 도 | 제 | 안 |

1. 긴장 풀기

입고 옷을 좀 느슨하게 한 다음 누워 있거나 앉아 있으십시오. 눈을 감고 호흡을 천천히 깊게 하면서 마음을 편하게 하십시오. 아래의 모든 의식은 두 번씩 하세요. 힘을 주거나(tensing) 힘을 뺄 때(relaxing) 각각 10초씩 하시기를 바랍니다. 마음속으로 시간을 잴 때는 다음과 같이 세시기를 바랍니다. 하나-하나요, 둘-둘이요, 셋-셋이요, 넷-넷이요, 다섯-다섯이요, 여섯-여섯이요, 일곱-일곱이요, 여덟-여덟이요, 아홉-아홉이요, 열-열이요.

1) 머리 위에 있는 것을 쳐다보면서 이마에 주름이 생기게 힘을 주세요.
　　힘을 주고 10초를 보낸 다음 다시 근육을 10초 동안 이완시키세요(반복).

2) 눈을 아주 꽉 감으세요. 10초 동안 그 상태로 있으세요.
　　눈을 살짝 감은체로 10초 동안 눈의 근육을 이완시키세요(반복).

3) 이를 꽉 악무세요. 10초 동안 그 상태로 있으세요.
　　약간 입을 벌리고 10초 동안 입의 근육을 이완시키세요(반복).

4) 혀로 입천장을 강하게 미세요. 10초 동안 그 상태로 있으세요.
　　입을 약간 벌리고 혀를 정상적인 위치에서 편하게 10초 동안 두세요(반복).

5) 고개를 최대한 힘 있게 뒤로 재끼세요.

10초 동안 그 상태로 있으세요.

목을 원래의 위치로 해서 편하게 10초 동안 있으세요(반복).

6) 고개를 최대한 숙여서 턱이 가슴에 닿게 하세요.

10초 동안 그 상태로 있으세요.

목을 원래의 위치로 해서 편하게 10초 동안 있으세요(반복).

7) 양 쪽 어깨를 최대한 위로 올리세요.

10초 동안 그 상태로 있으세요.

다시 어깨를 원래의 위치에 두고 편하게 10초 동안 있으세요(반복).

8) 양 팔을 앞으로 최대한 내 뻗고 손가락들도 활짝 펴세요.

10초 동안 그 상태로 있으세요.

팔을 편한 위치로 내리고 10초 동안 있으세요(반복).

9) 주먹을 꽉 쥐세요.

10초 동안 그 상태로 있으세요.

손을 편하게 펴고 10초 동안 있으세요(반복).

10) 3초씩 숨을 천천히 깊게 들이마시고 내 쉬세요(반복).

11) 배의 근육을 최대한 안 쪽으로 당겨서 들여 놓으세요.

이것을 하는 동안 숨은 쉬세요.

10초 동안 그 상태로 있으세요.

배를 원래 위치로 두고 편하게 10초 동안 있으세요(반복).

12) 엉덩이에 힘을 주어서 꽉 조이세요.
   10초 동안 그 상태로 있으세요.
   힘을 빼고 편하게 10초 동안 있으세요(반복).

13) 양 다리를 앞 쪽으로 쭉 펴고 발가락들이 얼굴을 향해서 최대한 굽히세요.
   10초 동안 그 상태로 있으세요.
   다리와 발가락을 원래 위치로 두고 편하게 10초 동안 있으세요(반복).

14) 양 다리를 앞 쪽으로 쭉 펴고 발가락들이 얼굴반대쪽으로 최대한 굽히세요.
   10초 동안 그 상태로 있으세요.
   다리와 발가락을 원래 위치로 두고 편하게 10초 동안 있으세요(반복).

   이제 눈을 뜨고 천천히 일어나세요.
   이와 같은 긴장풀기는 자주 연습을 할수록 더욱 효과적으로 우리 몸의 긴장을 잘 풀어 줄 수 있을 것입니다.

2. 주님과 하루를!

1) 복식 호흡을 하면서 침묵 속에서 마음을 모으세요.

2) 지금부터 지난 24시간을 한 시간씩 차례로 천천히 뒤 돌아보세요.

3) 다음의 질문을 스스로 해보세요.
   - 24시간을 돌아보았을 때 특별히 주목되어지는 것이 있습니까?

- 지난 24시간을 뒤돌아보았을 때 어떤 느낌들이 듭니까?

4) 이제 다시 한번 24시간을 뒤돌아보고 하나님께서 어떻게 당신의 삶 가운데 임재해 계셨는지를 살펴보세요.
  - 지난 24시간 동안 하나님은 당신의 어떤 부분에서 역사하셨다고 봅니까?
    - 즐거움, 두려움, 고통속에서, 일하는 가운데서, 어떤 사건, 사람, 소리들, 자연, 음악가운데서, 책을 읽는 중에,
  - 당신의 지난 24시간 동안 언제 가장 하나님과 동행하며 그분의 사역에 동참하였습니까?
  - 어떤 부분에서 당신은 가장 하나님과 동행하지 않았으며 충분히 그분의 뜻을 구하지 않았습니까?
  - 어떤 부분에서 하나님은 당신에게 마음을 바꾸라고 말씀하셨다고 봅니까?

5) 지난 24시간 동안 하나님께서 당신의 삶 가운데 함께 현존해 주신데 대해 감사하는 마음을 가지고 있습니까?
   이러한 감사의 마음을 충분히 느껴보십시오.

6) 당신의 느낌이나 감정들을 말이나 행동으로 조용히 혹은 큰 소리로 표현해 보십시오.

7) 침묵의 기도로 마치십시오.

8) 이 기도를 통하여 당신의 삶 가운데서 주님께서 어떻게 역사 하시는지를 배웠습니까?
   하루하루의 삶을 위하여 어떤 교훈들이 필요합니까?

주님의 임재 안에
거하는 기도

chapter 3

예수 기도

"내 사랑하는 그 이름 예수
너무나 아름다운 그 이름 예수
부르고 또 부르고 싶은 그 이름 예수
나는 영원히 그 이름을 노래하며
주님을 사랑하기를 원합니다."

끊임없이 마음으로 드리는 '예수기도'란 아무런 방해도 받지 않고 계속해서 입술로, 영으로, 마음으로 거룩한 예수의 이름을 부르는 것입니다.

예수기도(혹은 *예수이름 기도*)는 5-8세기의 동방교회의 대표적인 영성 기도입니다. 이 기도는 러시아 정교회로 확산되었다가 지금은 전 세계로 알려졌습니다. 예수기도는 단순한 문장을 계속 반복하고 암송하는 것입니다. 가장 기본적인 형태는 "하나님의 아들이신 주 예수 그리스도여, 저에게 자비를 베푸소서"(Lord Jesus Christ, Son of God, have mercy on me.)입니다.

이 기도의 출처는 누가복음 18장에서 나오는 두 기도입니다. 하나는 예수님의 비유 이야기 가운데 바리새인과 세리의 예화로 등장하는 기도입니다. 하나님께 마땅한 기도를 드린 사람은 자부심이 강한 종교 지도자인 바리새인이 아니라 죄 많은 세리였습니다.

"하나님이여 불쌍히 여기옵소서 나는 죄인이로소이다"(눅 18:13).

또 하나는 구걸하던 소경의 기도입니다.

"다윗의 자손 예수여 나를 불쌍히 여기소서"(눅 18:38).

예수 기도는 이 두 성구를 하나로 엮은 것입니다. 좀 더 간단하게 하는 기도는 "주 예수 그리스도여, 저를 불쌍히 여기소서"입니다.[1] 이 기도에 대해서 가장 잘 감동적으로 설명해 놓은 책은 러시아의 한 평신도가 쓴 "순례자의 길"(은성출판사)입니다.

러시아의 평신도 순례자는 어느 날 "쉬지 말고 기도하라"(살전 5:17)는 말씀을 듣고 마음이 뜨거워져서 이 말씀을 실천해 보려고 노력합니다. 그러다가 한 늙은 수도사를 통하여 예수기도를 소개받게 됩니다. 그 수도사는 예수기도를 다음과 같이 설명하였습니다.

"끊임없이 마음으로 드리는 '예수기도'란 아무런 방해도 받지 않고 계속해서 입술로, 영으로, 마음으로 거룩한 예수의 이름을 부르는 것입니다. 그렇게 하면서 마음으로는 예수님의 끊임없는 임재와 은혜

---

1) 그레이엄 다우, op. cit., pp.100-101.

를 구하는 것입니다. 무슨 일을 하거나 어디서나 항상, 심지어 잠을 잘 때에도 그렇게 해야 합니다. 이 기도는 다음과 같이 합니다. '주 예수 그리스도여, 저를 불쌍히 여기소서' 이러한 기도가 몸에 밴 사람은 깊은 위로와 항상 기도해야 할 필요성을 경험하기 때문에 기도 없이는 살 수 없게 되고, 저절로 기도가 마음으로부터 흘러나오게 됩니다."[2]

이 이야기를 들은 순례자는 일주일 동안 예수기도를 하지만 따분함, 졸림, 그리고 수많은 잡념 때문에 괴로움을 당합니다. 그러나 기도를 가르친 수도자는 그것은 자연스러운 현상이라고 하며 더욱 예수기도를 드릴 것을 권고하면서 처음에는 하루에 3,000번, 얼마 후에는 6,000번, 그리고 12,000번까지 예수기도를 드리라고 합니다. 평신도 순례자는 열심히 지도를 따라 처음 얼마간은 숫자를 세면서 기도를 하다가 나중에는 횟수와 상관없이 모든 어두움과 육욕의 씻김을 받고 깊은 기도의 신비에 들어가게 되어서 다음과 같이 고백하였습니다.

"여름 내내 이렇게 사부님의 지도를 받으면서 입으로 예수 그리스도께 끊임없이 기도를 드리면서, 나의 영혼은 완전한 평화를 느꼈습니다. 종종 잠자는 동안에도 기도하는 꿈을 꾸었습니다. 혹시 낮에 사

---

[2] 익명의 수도자, 엄성옥 역, <순례자의 길>(서울:은성출판사,1999), pp. 28-29.

람들을 만나면, 그들이 모두 가족처럼 친근하게 느껴졌습니다. 하지만 그들과 어울리지는 않았습니다. 나의 모든 생각은 저절로 고요해졌습니다. 나는 오로지 기도만 생각했고 내 정신은 기도에 귀를 기울였고, 때때로 내 마음은 저절로 따뜻함과 즐거움을 느끼기 시작했습니다. 수도원 내의 교회에서 드리는 긴 예배가 짧게 느껴졌고, 전처럼 싫증나지도 않았습니다. 내가 혼자 사는 오두막은 마치 화려한 궁전 같았습니다. 나 같은 죄인에게 훌륭한 스승을 보내 주신 하나님께 얼마나 감사해야 할지 모를 지경이었습니다… 나는 이제 어디를 가든지 이 세상 그 무엇보다 소중하고 감미로운 예수기도를 항상 반복합니다. 어떤 때는 하루에 70킬로미터나 되는 먼 길을 걸어가면서도 걷고 있는 것을 느끼지 못할 정도입니다. 나는 그저 예수기도를 드리고 있다는 것만을 의식합니다. 날씨가 몹시 추울 때는 더 열심히 기도하면 몸이 따뜻해집니다. 배가 고플 때에 예수의 이름을 자주 부르면, 배고픔을 잊을 수가 있습니다. 병이 들거나 허리와 다리가 아플 때에도 기도에 집중하면 고통을 느끼지 못합니다. 누가 나를 괴롭혀도, '예수기도는 얼마나 달콤한가!'라고 생각하면, 모든 것을 잊고 분노는 사라집니다. 나는 반쯤 얼이 빠진 사람처럼 되었습니다. 나는 이 세상의 어떤 일에도 관심을 갖지 않고 아무것도 염려하지 않습니다. 시끄러운 세상일에는 눈길도 주지 않습니다. 내가 바라는 것은 오직 홀로 있으면서 쉬지 않고 기도하는 것뿐입니다. 그렇게 하면 나는 기쁨이 충만합니다. 이 기쁨은 하나님만이 아십니다."[3]

'이렇게 짧은 문장을 계속 단순하게 반복함으로 어떻게 깊은 기도에 들어갈까?' 하고 의문을 품는 분들이 많을 것 같습니다. 먼저 우리가 알아야 할 것은 예수기도는 결코 기계적인 반복은 아니라는 것입니다. 어떤 특별한 현상을 가져오는 주문(呪文)도 아닙니다. 이것은 예수님의 이름을 온 마음으로, 사랑함으로 부르는 것입니다. 또한 반대로 아름다우신 예수님의 이름을 끊임없이 부름으로 그분을 향한 사랑이 불타오르게 되는 것입니다.

어린 아기들은 엄마를 부를 때 그냥 한 번만 불러도 되는 데 대개 "엄마, 엄마, 엄마"하며 여러 번 부릅니다. 심리학자들은 이렇게 아이들이 엄마를 많이 부를수록 아이들의 정서가 안정되고 좋다고 합니다. 사랑하는 사람의 이름을 부를 때 우리는 행복합니다. 마찬가지로 우리 예수님의 이름을 부를 때 우리 심령은 아름다워지고 기쁨이 넘치게 되는 것입니다.

동방교회의 영성가들은 예수기도를 네 가지 의식을 가지고 했습니다. 예수 이름에 대한 헌신, 죄에 대한 깊은 참회, 끊임없는 반복, 그리고 내적인 침묵을 통해 마음과 정신의 모든 것을 그분에게만 집중시켜서 내면의 세계로 들어간다고 하였습니다.

---

[3] Ibid., pp. 35-38.

예수기도는 처음에 우리의 입술로 소리를 내어 합니다(구송기도). 얼마가 지난 후에는 입술은 가만히 있고, 우리의 정신이 그 이름을 반복하게 됩니다(정신기도). 점차적으로, 우리는 그 이름을 우리의 (영적인) 마음으로 반복하게 됩니다. 우리의 마음이 깨어나서, 기도하기 시작하는 것입니다. 또는 고대의 동방 그리스도교 전통이 설명하는 대로, 기도가 "머리에서부터 마음으로 내려오게 되는 것입니다." 일단 마음이 기도를 시작하면, 은총이 흘러 들어오기 시작하고, 그로 인하여 우리는 우리의 마음으로 그분을 알게 됩니다.[4]

이 기도는 호흡과 밀접한 관계가 있습니다. 호흡을 하면서 이 기도를 주로 하기 때문입니다. 숨을 들이키면서 "주 예수 그리스도여"라고 기도하고, 내 쉬면서 "저를 불쌍히 여기소서"라고 합니다. 이것을 더 줄여서 단순히 "예수님"을 호흡과 함께 반복할 수 있습니다. 숨을 들이마시면서 예수님의 이름을 부를 때 우리는 마음속으로 예수님의 사랑과 그분의 충만한 임재가 우리 안에 가득 차기를 기도하는 것입니다. 숨을 내 쉬면서 "불쌍히 여기소서"할 때 우리 안에 악하고 더러운 것들이 떠나기를 기도하는 것입니다.

그래서 8-9세기의 시나이의 수도자 필로테우스는 "예수기도를 통해서 항상 하나님을 숨쉬라"고 하였습니다.[5] 요한복음에서 예수님께

---

4) Jim Borst, A Method of Contemplative Prayer<관상>, 박금옥 역(서울:성바오로, 1999), P. 69.
5) 유해룡, op. cit., P. 157.

서 "내 피와 살을 먹고 마시라"고 하시면서 "나를 먹는 자가 나로 말미암아 살 것이다"(요 6:52-57)고 하셨습니다. 마찬가지로 우리는 호흡을 통하여 예수님을 마셔서 그분의 살과 피가 우리의 것이 되어야 합니다. 그분의 심장을 소유해야 하는 것입니다(빌 1:8).

사람의 생명은 호흡에 있습니다. 하나님께서는 흙으로 사람을 지으시고 그 코에 생기를 불어 넣으셨습니다(창 2:7). 호흡이 있기 전까지 사람은 생명이 없었으나 호흡이 시작되면서 사람은 생명을 얻게 되었습니다. 호흡이 풍성한 사람은 생명이 풍성한 것이며, 호흡이 약하고 위축된 사람은 생명이 연약한 것입니다. 히브리 말로 '영'(spirit)을 의미하는 단어는 두 개가 있습니다. 하나는 네샤마(נשמה)인데 그 뜻은 '호흡, 숨'입니다. 또 하나는 루아흐(רוח)인데 바람, 기운을 뜻합니다. 그래서 예전에 성경에는 '성령'을 '거룩한 숨님'이라고 번역한 곳도 있습니다.

그러므로 사람이 살기 위해서는 음식과 물을 잘 먹고 마셔야 하지만, 이에 못지않게 호흡을 잘 하여야 하는 것입니다. 숨을 잘 들여 마시는 것이 생명의 풍성함을 줍니다. 이는 단순히 공기, 산소의 마심이 아니고 영을, 기운을 마시는 것입니다. 호흡을 배워야 합니다. 기도를 드리며 조용히 주님을 부르면서 천천히 숨을 들이마셔야 합니다. 주님께서도 제자들에게 성령을 받으라고 말씀하시며 숨을 내쉬셨습니다(요 20:20). 그러므로 우리는 조용히 주님의 호흡을 들이마셔야 합니다. 조용히 마음속으로 주님의 이름을 부르며 그분을 호흡할 때 그것이 기도이며 생명이며 기쁨이 되는 것입니다. 익숙해질수록 당신의 호흡은 깊고 안정되어 갈 것입니다. 당신의 호흡은 달콤해지며 당신의 마음도 행복하게 될 것입니다.[6]

호흡의 의학적인 정의는 '사람의 신체조직에 산소를 공급하고 세포내 신진대사를 통하여 배출되는 이산화탄소를 몸 밖으로 배출'하는 것입니다. 이 호흡은 사람의 생명유지에 필수적인 것이기 때문에 호흡을 어떻게 하느냐가 우리 육체의 건강과 함께 마음과 영적인 것에 까지 영향을 끼치는 것입니다. 호흡은 크게 세 가지로 나눌 수 있습니다.

첫째는 어깨호흡(견식호흡)입니다. 이 호흡은 슬프고 괴로울 때 어깨를 들먹이면서 하는 호흡인데 폐와 복부를 충분히 활용하지 않는 아주 얕은 호흡입니다. 그렇기 때문에 폐로 들어가는 공기의 양이 소량인 최악의 호흡 상태입니다.

둘째는 가슴호흡(흉식호흡)입니다. 이 호흡은 폐의 중부(中部)를 사용하는 것입니다. 이 호흡을 습관적으로 자주하면 산소부족 상태가 되며 흉부의 통증이나 허리가 무거워지는 증상이 나타나게 됩니다. 또한 이 호흡을 하면 비효율적이고, 스트레스와 불안한 상태의 중요한 원인일 뿐만 아니라 심리적인 문제의 주역이 될 수 있습니다.

셋째는 복식호흡(횡경막 호흡)입니다. 이 호흡은 횡경막과 아랫배를

---

6) 정원, <기도 업 데이트>(서울: 베드로 서원, 2003), pp. 190-191.

이용하는 호흡을 말합니다.[7]

예수기도뿐만 아니라 거의 모든 기도에 우리는 복식호흡을 해야 합니다. 복식호흡은 무엇보다도 먼저 육체의 건강에 좋습니다. 의학박사인 힘스(Hymes)는 복식호흡이 심장병과 고혈압 등에 부작용이 전혀 없는 치료요법으로 부상하고 있다고 하였습니다. 그리고 여러 학자들은 이르기를 복식호흡은 육체와 마음과 신경의 휴식을 가져다 준다고 하였습니다.[8] 신체의 건강과 정서적인 안정을 위해서는 복식호흡을 해야 한다는 말입니다.

그래서 다른 여러 종교나 요가, 기 훈련, 초월적 명상, 뇌호흡 등에서도 호흡을 아주 중요시 합니다. 하지만 우리 그리스도인들은 그들의 방식을 따르면 안 됩니다. 그들에게도 깨달음이 있고 신비체험을 하지만 그것은 거룩하신 성령님께로부터 온 것이 아니라 자기를 광명한 천사로도 가장하는 악한 영으로부터 온 것이기 때문입니다.

그런 것에 빠져 있다가 주님을 만나고 성령의 기름부음을 받은 분들의 간증을 들어보면 나타나는 현상은 비슷하지만 성령님이 주시는 은혜는 평안이 있으나 그 외에서 얻는 체험에는 참 평안이 없다고 합니다. 명상이나 기 훈련, 단전호흡을 통해 나와 우주의 일치를 추구합니다. 그러다가 여러 가지 체험을 할 수는 있지만 그 순간에 악한 영

---

[7] 김병채, 이순자, "몸, 정서, 마음 및 영(靈)의 건강을 위한 의식호흡 프로그램",〈창원대학교 학생생활연구소 학생생활연구〉(1999, 12집), PP. 4-5.

[8] Ibid., p. 6.

들이 사람에게 들어가게 되는 것입니다.

 그리스도인의 호흡기도는 먼저 자신의 죄와 허물을 보혈로 씻어주시고, 예수님의 이름을 부름으로, 거룩하신 성령님이 임하시고 주님의 임재가운데 들어가는 것이 되어야 합니다.

 예수기도를 복식호흡과 함께 하면서 더 나아가 심장의 고동에 맞추어서도 기도할 수 있습니다. "순례자의 길"을 쓴 무명의 러시아 순례자는 예수기도를 계속해 나아가면서 자연스럽게 입술에서 하는 기도에서 마음(심장)으로 하는 예수기도를 체험하게 됩니다.

 심장의 고동에 맞추어서 예수기도의 단어를 말하는 것입니다. 예를 들면, 심장이 한 번 뛸 때는 "주", 두 번째 뛸 때는 "예수", 세 번째 뛸 때는 "그리스도"하면서 계속 기도를 할 수 있게 된 것입니다. 고요한 마음의 상태에서 심장의 고동소리를 잘 들을 수 있습니다. 그 심장의 고동과 맞추어서 주님의 이름을 부르며 기도할 수 있는 것입니다. 이것을 '내면의 기도' 혹은 '심장의 기도'라고 합니다. 이 기도에 대해서 러시아의 평신도 순례자는 다음과 같이 말했습니다.

"나는 새로운 신학자 시므온이 가르친 방법으로 나의 마음(심장)을 살피기 시작하였습니다. 나는 눈을 감은 채로, 생각 즉 상상 속에서 내 심장을 주시하였습니다. 나는 가슴 왼편에 있는 심장을 그려보면서, 그 고동 소리를 듣기 시작하였습니다. 한 번에 30분씩 하루에 몇 차례 시행하였는데, 처음에는 단지 어둠의 감각만을 느꼈지만, 곧 조금씩 내 심장을 상상하고 그 움직임을 눈여겨 볼 수 있었습니다. 게다가 호흡의 도움을 받아 시나이의 그레고리나 칼리스투스나 이그나티우스가 가르친 방식으로 예수기도를 심장 속에 넣었다 뺐다 할 수도 있게 되었습니다. 나는 숨을 들이마시면서, 영으로 내 심장을 바라보면서 "주 예수 그리스도시여"라고 말하고, 숨을 내 쉬면서 "나를 불쌍히 여기소서"라고 말했습니다. 처음에는 한 번에 한 시간 동안 했고, 다음번에는 두 시간, 그 다음에는 할 수 있는 한 오랫동안 하였고 나중에는 하루 종일 하였습니다... 약 20일쯤 지났을 때, 나는 심장에 고통을 느꼈고, 기분 좋은 온기와 위로와 평안을 느꼈습니다. 이에 자극을 받은 나는 예수기도에 더 많은 관심을 기울이게 되었고, 온통 그것만 생각하고 더 큰 즐거움을 느끼게 되었습니다. 이때부터, 때때로 나는 마음과 정신 속에 여러 가지 느낌을 가지기 시작하였습니다. 나는 때때로 마음속에서 경쾌함과 자유와 위로가 포함되어 있는 기쁨이 솟아나는 것 같은 느낌을 받았습니다. 어떤 때는 예수 그리스도와 하나님의 모든 피조물을 향한 뜨거운 사랑을 느꼈고, 어떤 때는 죄인인 나에게 자비를 베푸시는 하나님께 대한 감사의 눈물이 흘러내리기도 하였습니다. 또 어떤 때는 어리석었던 나의 지성에 빛이 주어져서 지금까지는 생각도 할 수 없었던 일들을 쉽게 생각하고 이해할 수도 있었습니다. 어떤 때는 마음속에 있는 뜨거운 기쁨의 의식이 나의 존재 전체로 퍼졌고, 모든 곳에 하나님이 임재하신다는 사실을 의식하면서 깊은 감동을 받았습니다. 어떤 때는 예수의 이름을 부름으로

써 천국의 기쁨에 압도되었고, '하나님 나라는 너희 안에 있느니라'
는 말씀의 의미를 알게 되었습니다."9)

　무명의 순례자는 이와 같은 내면의 기도를 통하여 여러 가지 열매를 얻을 수가 있었다고 하였습니다. 먼저 하나님의 감미로운 사랑을 느끼고 깨끗한 생각을 가지게 되었으며, 마음의 평안 그리고 넘치는 기쁨을 가지게 되었습니다. 두 번째는 삶의 용기와 질병이나 슬픔을 제거하는 힘을 체험하였습니다. 세 번째로는 성경에 대한 이해, 혼돈과 허무로 부터의 자유, 내면생활의 즐거움을 얻게 되었다고 하였습니다.

　예수기도는 매우 단순해 보이지만 이와 같이 놀라운 내면의 변화와 영적인 열매를 얻을 수 있습니다. 그것은 끊임없이 예수님의 이름을 부름으로 24시간을 주님의 임재 가운데 거하며, 그분 안에서 생각하고 말하고 행동하기 때문입니다. 호흡과 함께 예수님의 아름다운 이름을 부를 때 우리 심령에서 악하고 더러운 것들이 떠나가고 예수님의 충만한 사랑과 거룩함을 마실 수 있기 때문입니다.

　심장의 고동소리에 맞추어 존귀하신 예수님의 이름을 부를 때 우리 온 몸의 세포 하나하나까지 그분을 사랑하며, 찬양하며, 높이게 되는 것이고, 우리 안에 예수님의 피와 눈물과 사랑이 흐르기 때문

---

9) op. cit., pp. 59-60.

입니다.

저는 개인적으로 예수기도를 제일 좋아하고 가장 많이 합니다. 예수기도가 몸에 배게 되면 언제 어디서나 할 수가 있습니다. 버스나 지하철을 타고 갈 때도 할 수 있습니다. 저는 강의를 하러 갈 때 학교가 시내에 있어서 자주 지하철을 타고 갑니다. 그 때 주로 예수기도를 하게 되는 데, 기도를 하면 쌓였던 피로도 풀리고 내 안에 있던 어두움이 쉽게 물러가고 우리 주님의 신선한 은혜가 저의 영혼을 새롭게 하는 것을 체험하곤 합니다.

저를 통하여 예수기도를 배운 학생들 중에는 지하철로 1시간 이상 걸려서 통학하는 분이 있습니다. 그분도 이 기도를 배운 후부터는 저와 비슷한 체험을 하고 너무 좋았다는 간증을 한 적이 있습니다. 저는 예수기도가 가장 좋은 것 중에 하나는 사랑하는 그 분의 이름을 부르는 것입니다. 아무리 많이 불러도 지겹지가 않습니다. 부르면 부를수록 더 좋은 주님을 끊임없이 입술로, 마음으로, 그리고 내 심장으로 고백할 수 있다는 것이 참 좋습니다.

그러면 무엇보다도 먼저 나타나는 현상은 마음의 평안입니다. 걱정 근심이 사라지고 깊고 아늑한 평안의 물결이 잔잔하게 제 심령을 뒤엎게 됩니다. 그리고 주님의 달콤한 사랑이 느껴지면서 그 분의 임재를 체험하게 됩니다. 거칠고 완악한 심령은 조금씩 깨어지고 너무나 부드럽고 온유한 심령을 소유하게 됩니다. 주님뿐만 아니라, 모든 사람과 천하 만물이 사랑스럽게 보이게 됩니다. 그래서 언제나 감사하게 되고 사람들에게 친절하고 따뜻하게 대할 수 있게 됩니다.

전에는 그렇게 끊으려고 해도 끊을 수 없던 반복적인 죄나 좋지 못한 생활 습관에서 자유하게 됩니다. 게임이나, 도박, 악한 상상, 섹스 중독 등등의 어떠한 형태의 중독에서도 벗어날 수 있습니다. 예수기도를 복식호흡과 함께 드릴 때, 예수님을 마시고 어떤 어둠이나 중독을 숨과 함께 내 쉴 때 이러한 은혜가 임하는 것입니다.

어떤 사람에게 받은 상처나 억울함 또는 배신, 실연 등의 아픔도 호흡과 함께 드리는 예수기도로 치유되고 자유롭게 될 수 있습니다. 모든 사람으로부터, 그리고 나 자신으로부터 자유롭게 되고 오직 주님으로만 충만케 되는 것입니다. 예수님의 이름을 부르며 "오직 주님만이 내 안에 충만하시고 그 사람이나 그 사람과 관계된 것들은 모두 호흡과 함께 내보낼 수 있게 하소서"라고 기도할 때 이러한 은혜를 체험할 수 있는 것입니다.

특히 이런 은혜는 내면의 기도(심장기도)를 드릴 때 많이 임합니다. 심장기도란 심장을 의식하면서, 내면의 눈으로 심장을 바라보면서, '예수님 임하셔서 다스려 주옵소서!'라는 마음으로 예수기도를 하는 것을 말합니다.   심장기도에 대해 정원 목사님은 다음과 같이 말씀하셨습니다.

"당신의 감정, 마음이 상했을 때 그것은 심장기도를 배우기 좋은 때입니다. 왜냐하면 사람의 감정적인 소유와 집착을 깨뜨리기 위해서 상처와 고통이 주어지기 때문에 사람에게 상처받고 심장이 비워져 있을 때 주님의 심장을 받을 수 있는 가장 좋은 기회이기 때문입니다... 심장기도를 드릴수록 당신의 감정은 정화되며 당신의 안에 있는 감정적인 집착과 육적인 애정들이 지옥적인 사랑임을 보게 됩니다. 그리하여 오직 사랑의 대상은 이 우주 안에 주님뿐인 것을 알게 되며 그리하여 오직 주님만을 사랑하며 그리고 주님의 사랑으로 모든 이들을 사랑하기를 원하게 됩니다. 심장기도를 배우십시오. 당신의 심장에 주님을 마시고 호흡하며 주님의 기운으로 가득하게 채우십시오. 밤에, 새벽에, 잠시 잠이 깬 밤중에, 꿈속에서도 오직 주님을 들여 마십시오. 그분의 성분이 당신을 온전히 사로잡히게 하십시오. 그것은 거룩하고 놀라운 경험이며 영광스러운 경험입니다. 세상의 육적인 쾌락들이 너무도 낮은 것으로 느껴집니다. 심장기도는 주님과의 사랑에 빠지는 기도이며 진정한 천국으로 이르는 기도입니다. 그 세계를 경험하게 될 때 우리 모두는 오직 주님을 얻는 것과 오직 주님의 기뻐하심 외에는 아무것도 구하지 않게 될 것입니다. 왜냐하면 그분의 사랑은 모든 것을 만족시키기 때문입니다."[10]

심장기도는 또한 우리의 영을 새벽이슬 보다 더 맑게 해 줍니다. 그래서 하나님의 뜻을 잘 분별하게 되며 어두움의 영들을 잘 감지할 수

---

10) 정원, <주님을 경험하는 100가지 방법>(서울:영성의 숲, 2002), pp. 290-292.

있게 됩니다. 우리 주 하나님과 성경에 대해서도 지혜와 계시의 영*(엡 1:17)*으로 충만해져서 깊은 깨달음이 생기게 됩니다.

    예수기도를 통하여 무엇보다도 주님을 더욱 사랑할 수 있다는 것이 가장 큰 은혜인 것입니다. 그러므로 할 수만 있다면 예수기도를 많이 하시기를 바랍니다.

| 기 | 도 | 제 | 안 |

다음의 예수기도는 호흡과 함께 해도 되고 그냥 입으로 하는 구송기도 때도 사용할 수 있습니다. 아래와 같이 꼭 하라는 것은 아니고 예를 들어서 제안을 한 것입니다. 각자가 나름대로 만들어서 사용할 수 있습니다. 마음으로 예수기도를 할 때는 코를 사용하여서 천천히 숨을 들이쉬고 내 쉬며 복식호흡을 하는 것이 좋습니다..

	숨을 들이 마실 때	숨을 내 쉴 때
1	주 예수 그리스도시여	나를 불쌍히 여기소서
2	주 예수님	불쌍히 여기소서
3	오 -	주님
4	사랑의(소망의, 위로의)	예수님
5	예수 -	예수 -
6	예수	충만
7	주 예수님	임하소서
8	예수의	충만한 역사
9	주 예수님	빛을 비추소서
10	예수님의 사랑으로	제 마음을 불사르소서

주님의 임재 안에
거하는 기도

chapter 4

상상 기도

Imaginative Prayer

주님!
저의 모든 생각과 마음이
언제나 주님께로만 향하기를 원합니다.
현실에서도 꿈속에서도
주님을 사랑하기 원합니다.
이 세상에서 그리고 저 하늘나라에서도
영원히 주님만을 사랑하기 원합니다.

상상을 통하여 생명의 영이신
성령님께서 우리의 정신과 마음이 참된
진리와 영적인 실재에 접할 수 있도록
해주실 수 있습니다.

　어느 시골교회에 갓 부임한 젊은 목사님은 그 교회에서 연로한 성도가 임종이 가까워서 심방을 갔습니다. 목사님은 할아버지 성도의 침대 가까이에 있는 의자에 앉으려고 하자 할아버지는 조용히 말했습니다.

　"목사님 죄송하지만 옆의 의자에 앉아 주시겠습니까? 그 의자는 예수님 의자거든요."
　"예수님 의자라니요?"

　할아버지는 그 의자에 관한 이야기를 시작했습니다.

"제가 어린 소년이었을 때 어느 날 길을 가다가 우리 동네에 있는 할아버지 목사님을 만났습니다. 그 분은 저에게 '애야, 교회에 나와서 예수님 믿고 착한 아이가 되거라'고 전도를 하셨습니다. 저는 당돌하게 '눈에 보이지도 않는 분을 어떻게 믿어요?'라고 대답했습니다. 그러자 그 할아버지 목사님은 미소를 지으시며 저를 보시더니 '그래, 그럼 예수님을 믿을 수 있는 좋은 방법을 가르쳐 주마. 오늘부터 네가 낮에 일과를 마치고 나면 집에 가서 의자를 하나 놓고 예수님께서 그 의자에 앉아 있다고 상상을 하고 그 날 있었던 이야기를 모두 말씀드려라. 그렇게 얼마동안 하면 너는 예수님을 만날 수가 있을 것이다'고 하셨습니다.

저는 집에 가서 반신반의를 하며 호기심에 목사님께서 시키신 대로 해 보았습니다. 처음에는 좀 어색하고 이상했지만 친구들하고 놀던 이야기, 소를 데리고 풀을 먹이러 갔던 일 등 그날 있었던 이야기들을 했습니다. 그렇게 며칠이 지나자 의자에 제가 상상해서 계신 예수님이 아니라, 진짜로 예수님께서 와서 계시다는 것을 알게 되었습니다. 그리고 지금까지 저는 평생 이 의자 앞에 무릎을 꿇고 예수님께 기도를 해 왔습니다."

하나님께서 인간에게 주신 놀라운 축복 중에 하나가 상상력(想像力)입니다. 인류는 이 상상력을 통하여 발전해 왔다고 해도 과언이 아닙니다. 라이트 형제가 하늘을 나는 상상을 했을 때 처음에는 누구나 공상이라고 생각했지만 그것은 곧 실현이 되었습니다.

저는 어렸을 때 스타 트렉(Star Trek)이라는 공상과학 영화에서 폴더가 있는 조그마한 담배 갑 크기의 기계를 등장인물들이 전화로 사용하는 것을 보았는데 오늘날 한국에서 거의 누구나 그런 휴대폰을 가지고 있습니다. 누군가가 상상했던 그런 일들이 현실 세계에서 이루어 진 것입니다.

상상력의 소산인 문학 등을 포함한 거의 모든 예술의 세계에서도 상상력은 가장 중요한 요소가 됩니다. 물론 인간이 타락함으로 마음이 부패해져서(창6:5) 상상력도 너무나 악한 데 많이 쓰고 있기도 합니다. 매스컴에서 보도되는 수많은 악한 것들을 보면 어떻게 저런 일들을 마음에 품었을까하고 놀랄 때가 한 두 번이 아닙니다. 계획된 범죄일수록 미리 모든 상황을 마음에 그려볼 것이고 끊임없이 범죄의 순간순간을 상상할 것입니다. 그러면 그 상상은 이루어지는 것입니다.

그래서 그런지 어떤 분들은 상상을 통하여 기도하는 것에 거부감을 가지거나 두려움을 가지고 있는 분들이 있습니다. 하지만 상상을 통하여 기도하는 것은 우리가 언어로 주님께 기도하거나 논리적인 묵상을 하는 것과 마찬가지로 아주 자연스러운 것이고 우리 주님의 넘치는 은혜를 체험할 수 있는 통로가 됩니다.

아름답고 거룩한 성화를 보고 은혜를 받았다면 그것은 우리의 시각을 통하여 주님을 체험한 것입니다. 신령한 찬양을 듣고 은혜를 받았다면 그것은 우리의 청각을 통하여 주님을 체험한 것입니다. 하나님의 말씀을 계속 외우고 암송함으로 은혜를 받았다면 그것은 우리의 기억력을 통하여 주님을 만난 것입니다. 마찬가지로 우리에게 있는 상상을 통하여서도 주님의 은혜를 받고 그 분의 임재가운데 들어갈 수 있는 것입니다. 그러기 위해서는 먼저 우리의 죄를 그리스도의 보혈로 용서함 받고 상상력도 정결케 되어야 합니다. 우리의 심령이 맑고 깨끗할수록 상상력은 더욱 아름답게 쓰일 수 있을 것입니다.

저는 상상을 통하여 주님의 큰 은혜를 참으로 많이 받았습니다. 주님의 살아계심을 체험할 수 있는 너무나 좋은 통로가 되곤 합니다. 그래서 학생들에게도 이 기도를 많이 하라고 권고합니다. 학생들에게 소개한 상상기도 중에 하나는 예수님의 모습을 상상으로 마음에 그리고 가만히 그분을 바라보라고 하는 것입니다. 그러면 많은 학생들이 주님으로부터 사랑의 음성을 듣기도 하고 자기를 안아 주시는 예수님을 체험하기도 합니다. 여기서 주님의 음성이 단순한 상상이냐 아니면 영적인 실재였느냐를 따지는 것은 중요한 것이 아닙니다. 상상이든 영적이든 중요한 것은 그것을 통하여 우리 마음에 평화와 기쁨이 있느냐 입니다. 상상을 통하여 주님을 좀 더 가까이 느끼고 그분의 사랑을 체험했다면 그것이 상상이든 영적인 실재이든 상관이 없습니다.

상상을 통하여 생명의 영이신 성령님께서 우리의 정신과 마음이 참된 진리와 영적인 실재에 접할 수 있도록 해주실 수 있습니다. 항상 하나님을 말씀을 읽고 암송하며, 찬송가를 들으며 악한 것을 보지도 않고 생각지도 않으며 마음속으로 언제나 거룩한 것을 상상하며 생활한다면 훨씬 영적인 은혜의 세계로 쉽게 들어갈 수 있을 것입니다.

사람은 자주 상상하는 것이 현실에서 이루어지곤 합니다. 어릴 적부터 음악가가 되기를 소망하는 사람은 자신이 카네기 홀 같은 데서 연주하는 상상을 하게 되고, 그 꿈을 위해 열심히 노력해서 마음에 품은 대로 이루어지는 경우가 있는 것입니다. 그렇다면 언제나 예수님을 마음에 그리는 사람은 예수님처럼 변화되어 우리 주님의 형상이 그 영혼에 새겨질 수 있는 것입니다.

저는 가끔 예수님께서 이 땅에 다시 재림하실 때의 모습을 상상하면서 제가 예수님의 품에 안기는 모습을 마음으로 그려보곤 합니다. 때론 천국에서 예수님과 함께 아름다운 길을 산책하는 상상을 하곤 합니다. 그러면 얼마나 마음에 큰 기쁨이 있는지 모릅니다. '그런 날들을 위해 더욱 경건하고 거룩하게 살아야지'하며 마음속에 다짐을 합니다. 저는 이것이 참 좋은 상상이라고 생각합니다.

마음속으로 헛되고 망령된 것을 상상하면 그것은 단순한 망상이나 백일몽에 불과하며 절대로 우리 영혼에 유익이 없습니다. 우리 주님은 우리가 행동하는 것뿐만 아니라 우리의 생각과 상상까지도 달아보시는 분이십니다. 그래서 마태복음 5장 27-28절에 보면 "여인을 보고 음욕을 품는 자마다 마음에 이미 간음하였느니라"고 하신 것입니다. 비록 행동으로 옮기지는 않았지만 여인을 음욕을 품고 보면서 악한 상상을 한다면 이미 간음한 것이라고 주님은 선포하시는 것입니다.

　우리 성도는 악은 모양이라도 버리고*(살전 5:22)*, 늘 마음에 거룩하고 신령한 것을 품고, 예수님과 천국을 상상하고 산다면 얼마나 경건한 삶이 되겠습니까? 그래서 저는 요한계시록에 있는 말씀을 토대로 천국의 모습을 최대한 자세히 설명하는 설교를 한 적이 있습니다. 그때 많은 성도들이 천국의 모습을 마음으로 그려 볼 수가 있어서 은혜를 받았다고 하였습니다. 그러면서 의외로 여러 분들이 자기는 한 번도 천국의 모습을 상상해 본적이 없다고 하였습니다.

　천국뿐만 아니라 우리는 많은 것을 상상할 수가 있고 그 속에서 큰 하나님의 은혜를 체험할 수가 있습니다. 저는 강의나 설교를 하기 전에 기도를 하면서 자주 상상으로 예수님께서 강의실이나 교회에서 설교하는 저를 뒤에서 붙들어 주시고 회중 가운데 돌아다니면서 성도들을 안수해 주시는 것을 마음에 그립니다. 그러면 두려움과 부담감이 사라지고 주님께 모든 것을 맡길 수가 있습니다. 단순히 상상하는 데 그치는 것이 아니라 실제로도 그렇게 해 주시기를 바라는 마음으로 기도하는 것이고, 우리 입술의 모든 말과 마음의 묵상을 들어 주시는 하나님께서는*(시 19:14)* 응답해 주시는 것입니다.

　저는 환자를 위해서 기도할 때도 상상기도를 합니다. 한번은 50대 남자가 생명이 위태롭다고 심방을 요청을 해 왔습니다. 그 날 밤을 못 넘길 것 같다고 해서 급하게 병원에 가서 보니 암 말기가 되어서 피골이 상접해 있었고 산소 호흡기를 끼고 있는 모습이 마치 70대 할아버지처럼 보였습니다. 그 모습이 너무나도 안쓰럽고 비참해서 곧 죽을 것만 같았습니다. 이렇게 생명이 위독한 사람을 위해서는 어떤 기도를 해야 할지 모를 때가 있습니다. 살려달라고 해야 할지 아니면 이 영혼을 천국으로 인도해 달라고 기도해야 할지 모를 때가 있습니다. 저는 그분은 아직 50대의 젊은 측에 속해 있는 분이기 때문에 살려달라고 기도했습니다. 그 환자의 몸에 손을 얹고 기도하면서 마음속으로 예수님께서 친히 그 손으로 이 환자의 몸에 안수하시는 모습과 십자가의 보혈이 그분의 온 몸을 덮는 상상을 하였습니다.

그분은 제가 돌아간 후 잠을 자다가 새벽 2시경에 꿈에서 어둠을 향해 걷다가 제가 나타나서 "돌아가세요"라는 말을 듣고 잠이 깨어 침상에서 벌떡 일어났다고 합니다. 그 후로 급속하게 병이 치료되어 퇴원해 집에 갈 수 있게 되었습니다. 제가 그 집에 심방을 했을 때 하나님께서 자기를 고쳐주셨다고 감격 가운데 간증을 하는 것을 들을 수가 있었습니다.

심령 치료사는 마음의 염력을 이용해서 병을 고치고 심지어 칼도 없이 사람의 배를 손으로 쑤시고 들어가서 암 덩어리를 끄집어내어도 별다른 상처 없이 환자가 낫는 경우도 있습니다. 그와 같은 원리로 상상력을 사용했다는 것이 아닙니다. 다만 상상기도를 통하여 좀 더 간절히 주님께서 그 환자를 고쳐주시기를 바라는 마음으로 주님을 초대한 것입니다. 주님께서 그분의 은혜와 사랑으로 고치신 것이지 절대 사람의 정신력으로 고친 것이 아닙니다.

이와 같이 상상기도는 다양하게 주님께 드릴 수가 있습니다. 특히 성경을 묵상할 때도 상상은 매우 유용하게 사용될 수 있습니다. 성경은 수많은 이미지로 가득 차 있습니다. 그러므로 성경을 논리적인 분석과 주해로만 보면 이성적 이해는 잘 할 수 있지만 우리 마음에 넘치는 감동은 부족할 수가 있습니다. 성경은 하나님의 살아 있는 말씀입니다. 그 말씀을 우리는 생생하게 온 몸으로 느끼고 체험해야 합니다. 그러기 위해서는 상상을 이용하는 것이 아주 유익합니다.

예수님의 설교 중에 많은 비유가 나옵니다. 길 잃은 양, 탕자의 비유, 포도원과 품꾼 등의 비유는 듣는 이로 하여금 자연스럽게 마음에 비유의 장면들을 그리게 함으로써 빠른 이해와 감동을 주는 것입니다. 저는 길 잃은 양을 찾고 나서 너무나 기뻐 그 양을 어깨에 메고 오는 선한 목자의 비유를 보면(눅 15:3-7), 내가 방황할 때 나를 안고 피난처로 데려가시는 주님의 모습을 상상하게 됩니다. 그러면 얼마나 은혜가 되는지 모릅니다.

탕자의 비유에서도 아버지가 아들을 마을 어귀에서 기다리다가 상거가 먼 데도 달려가서 아들을 껴안고 입 맞추는 장면을(눅 15:11-32) 마음에 상상하면, 나를 언제나 기다리시고 안아주시는 우리 주님의 사랑이 느껴져서 눈물이 나곤 합니다.

마태복음 20장에 나오는 포도원과 품꾼의 비유도 너무나 감동적인 이야기입니다. 먼저 이 본문을 잘 이해를 하고 그 장면들을 마음에 상상으로 그려보아야 합니다. 본문을 이해하지 못하는 분들은 포도원 주인이 불공평하게 품꾼을 대했다고 합니다. 어떻게 이른 아침부터 일한 사람이나 제 십일 시*(우리나라 시간으로 대략 오후 5시)*에 온 사람이나 똑같이 한 데나리온을 줄 수 있냐는 것입니다. 그것도 오후 5시 정도에 와서 1시간 정도밖에 일을 안 한 사람을 먼저 돈을 주는 모습을 보고 아침부터 땀 흘려 일한 사람들은 돈을 더 줄 것으로 기대했지만 똑같이 한 데나리온을 주자 불평을 합니다.

그러자 주인은 "내가 계약한데로 임금을 너희에게 주었는데 무엇이 잘못되었느냐 내가 선하므로 네가 나를 악하게 보느냐"며 대답합니다. 사실 포도원 주인은 불공평한 사람이 아니라 너무나 선하고 자비로운 사람인 것입니다.

저도 잠깐 막노동을 해보았습니다. 매일 새벽에 나가서 사람들이 써주기만을 기다립니다. 하지만 언제나 제일 먼저 일을 얻어 가는 사람은 기술이 있는 사람이고 다음으로는 보기에 건장하고 일을 잘 할 것처럼 보이는 사람들입니다. 나이 많고 병약해 보이는 사람은 써주지를 않습니다. 그래서 며칠씩 일을 못하는 경우가 허다합니다. 그래서 7절에 보면 너희가 왜 종일 놀고 있느냐는 말에 "아무도 우리를 품꾼으로 써주지를 않기 때문입니다"라고 대답한 것입니다.

포도원 주인은 그들을 불쌍히 여겨 주었습니다. 그래서 포도원에 가서 일을 하라고 했고 먼저 돈을 주어서 집에 보냈습니다. 주인은 너무나 선하고 자상한 사람이었습니다. 아침 일찍부터 일한 사람들은 거의 매일 일을 했기 때문에 집에 먹을 것이 있었을 것입니다. 그러나 오후 5시에 들어 온 사람들은 거의 일을 못한 사람들이기 때문에 집에서 가족들이 아빠가 오늘 일을 해서 쌀이라도 좀 사오면 그것으로 밥을 해 먹으려고 간절히 기다리고 있었을 것입니다. 그것을 주인은 생각하고 나중에 온 사람을 얼른 돈을 주어서 보낸 것입니다.

저는 주인의 마음과 행동 그리고 오후 5시에 포도원에 온 사람들이 돈을 받을 때의 너무나 감격해 하는 표정을 상상할 수가 있습니다. 주인에게 연신 "감사합니다. 너무나 감사합니다"라고 인사를 한 후에 시장으로 달려가서 먹을 것을 사가지고 집에 가서 아내와 아이들에게 건네주며 즐거워하는 모습을 상상하면 눈물이 납니다.

"주님은 언제나 포도원 주인처럼 아무것도 한 것이 없는 연약한 저를 사랑하시고, 돌보아 주시고, 저의 사정을 아시는 분이십니다"라는 고백의 기도가 자연스럽게 흘러나오게 됩니다.

우리는 상상을 통하여 성경의 수많은 사건 속으로 들어갈 수가 있습니다. 옆에서 지켜 볼 수도 있고, 직접 상상을 통하여 등장인물들 중에 하나가 될 수 있습니다. 그래서 마치 현장에 있었던 것처럼 생생하게 그 사건을 볼 수 있고, 들을 수 있으며, 만질 수 있고, 냄새도 맡을 수가 있는 것입니다. 우리의 감각을 통하여 온 몸으로 성경을 체험하고 나의 것이 되게 할 수 있는 것입니다. 알렉산더 휘트는 묵상을 통한 이러한 생생한 성경의 체험에 관하여 다음과 같이 말하였습니다.

"신약성경을 펼치세요... 상상을 통하여 예수님의 제자 중에 하나가 되어 그분의 발 앞에 있어보세요... 상상으로 당신이 거룩한 기름으로 부음 받는 것을 그려보세요... 상상 가운데 세리, 탕자, 막달라 마리아 그리고 대문 앞에 서 있는 베드로*(행 12:12-14)* 등이 되어 보세요."[1]

이와 같은 상상기도의 시작은 이미 구약에서 이스라엘 백성들이 하나님의 구원을 회상하는 데서 비롯됩니다. 구약에서 하나님은 여러 번 이스라엘 백성들을 향해 다음과 같이 말씀하십니다.

"너는 조심하여 너를 애굽 땅 종 되었던 집에서 인도하여 내신 여호와를 잊지 말고 네 하나님 여호와를 경외하며 섬기며 그 이름으로 맹세할 것이니라"*(신 6:12-13)*.

그래서 이스라엘 백성들은 그 놀라운 하나님의 구원 사건을 자녀들에게 가르쳐서 기억하고 회상하게 하였습니다. 이것은 과거의 사건을 회상하며 그것으로 인하여 그 구원을 베푸신 하나님을 경외하는 삶을 오늘날 사는 것입니다.

이것을 좀 더 체계적으로 구체화하신 분이 로욜라의 이그나티우스*(Ignatius of Loyola)*입니다. 이그나티우스는 만레사*(Manresa)*굴에서 깊고 강렬한 기도를 체험한 후에 상상을 통해서 그리스도를 만나고

---

[1] Alexander Whyte, Lord, Teach Us to Prayer(New York:Harper & Brothers,n.d.), pp. 249-251: Richard j. Foster, Prayer(Sanfrancisco: HarperSanFrancisco, 1992), p. 148에서 재 인용.

그분을 온전히 따를 수 있는 방법으로 상상기도를 소개하였습니다.

과거에 실제로 일어났던 사건에 나를 투사(projection)함으로 그 사건의 일부가 되어서 현재의 삶을 위한 영적인 열매들을 거둘 수 있다는 것입니다. 감각적인 상상을 가지고 과거의 사건을 생생하게 회상함으로 실제적인 슬픔과 기쁨을 느끼고, 자신의 삶을 변화시켜야겠다는 결단을 하게 되는 것입니다. 이그나티우스는 구원의 사건들과 예수님의 생애를 우리의 다섯 가지 감각 - 시각, 청각, 미각, 후각, 촉각 -을 통해 상상하여 온 몸으로 체험해야 한다고 하였습니다.

예를 들면 요한복음 8장에 나온 간음 중에 붙잡힌 여인의 사건에서 사람들이 살기가 등등해서 눈에 핏발이 선체로 돌을 던져 당장이라도 죽이려는 그 중요한 순간에 예수님은 땅에 무언가를 쓰셨습니다. 그런데 성경은 무엇을 썼다는 말이 나오지를 않습니다. 그래서 전통적인 추측은 돌을 들고 서 있던 사람들의 죄악들을 쓰시고 일어나셔서 "너희 중에 죄 없는 자가 먼저 돌로 치라"고 하셨다는 것입니다. 하지만 상식적으로 이 해석은 좀 무리가 있습니다. 그 많은 사람들의 죄를 땅에 잘 읽을 수 있도록 손으로 쓴다는 것은 불가능하기 때문입니다. 또한 그 당시의 많은 민중들을 글을 읽지를 못했습니다.

하지만 저는 여전히 궁금했습니다. 그 중요한 순간에 쓸데없는 낙서를 하실 리는 없고 무엇인가 중요한 것을 쓰셨을 텐데 그것이 무엇일까 생각했습니다. 그래서 상상을 통해 그 사건의 현장을 마음에 그리고 예수님께서 몸을 굽혀 손가락으로 땅에 쓰시는 것을 옆에서 지켜보았습니다. 그러자 글들이 보이기 시작했습니다.

"나는 저 여인을 사랑한다. 내가 저 여인을 위하여 돌팔매질을 당할 것이다. 내가 저 여인의 죄를 위하여 십자가에 못 박힐 것이다. 나는 저 여인을 사랑한다."

저는 이런 글귀가 상상 속에서 보이면서 너무나 감동이 되어서 눈물을 흘렸습니다. 그리고 설교 시간에 이 이야기를 소개하자 많은 분들이 또한 눈물을 흘리는 것을 보았습니다. 이와 같이 상상을 통하여 과거의 사건을 생생하게 감각적으로 체험할 수 있고 현재의 삶을 변화시킬 수 있는 영적인 열매들을 얻을 수 있는 것입니다.

상상기도가 가장 잘 활용될 수 있는 시기는 고난주간일 것입니다. 예수님께서 십자가 위에서 죽으실 때까지의 여정을 자세하게 감각적인 상상으로 회상할 수 있기 때문입니다. 한번은 어느 교회의 고등부 교사들을 위한 기도 강의 시간에 저는 예수님의 십자가에 대해 상상기도를 시킨 적이 있습니다. 십자가에 대한 이미지를 잠깐 설명한 후에 상상 가운데 십자가 밑에서 우리 예수님께서 흘리시는 핏방울과 땀방울을 보고 그분의 나지막한 신음소리를 들어보라고 했습니다. 그러자 교사 중에 연세가 좀 드신 분이 울음을 주체하지 못하고 많이 우는 것을 본 적이 있습니다. 상상을 통해서 우리 주님의 십자가 고난을 좀 더 깊이 느끼고 온 몸으로 체험한다면, 눈물의 감격과 감사와 사랑이 생겨날 것입니다. 어떤 분들은 이와 같은 상상력의 사용에 거부감을 가지고 있습니다. 지나치게 상상으로 모든 것을 의도적으로 조작하고 자기기만에 빠질 수가 있다는 것입니다. 물론 그럴 가능성도 있습니다. 그런데 어디까지가 우리가 상상하는 것이고 어느 순간부터 주님께서 실제적으로 임하셨는지를 정확히 알 수는 없지만 이 둘 사이는 연결이 된다는 것입니다.

우리가 소리 내어 입으로 기도할 때도 처음에는 우리의 이성이 문장을 만들어 내어서 주님께 감사기도나 자백의 기도를 합니다. 그러다가 어느 순간 기도에 깊이 들어가서 우리의 영으로 기도하기 시작합니다. 전혀 생각지도 않았던 기도의 내용이 쏟아져 나오기도 합니다. 이와 같은 원리로 상상기도를 하게 되는 것입니다. 상상을 의도적으로 하다가 어느 순간에 성령님께서 실제적으로 임하셔서 주관하시는 것입니다. 그럼에도 불구하고 상상기도가 한국교회에서 잘 알려져 있지 않기 때문에 처음에 이 기도를 훈련하려면 좀 힘이 들고 어느 정도의 시간이 필요합니다. 특히 기질적으로 지성적인 것은 발달 되었지만 감각적인 상상이 잘 안 되는 분들은 더욱 어려움을 느낄 수가 있습니다.

옥스퍼드 대학의 학장이면서 신학박사인 알리스터 맥그래스(Alister McGrath)도 자신은 개념에 중점을 두고 논리적인 사고를 하는 사람이기 때문에 상상력을 동원해서 복음서의 사건 현장으로 들어가는 것에 어려움을 겪었다고 하였습니다.

"나는 당연히 개념의 차원에서 생각하는 사람인지라 '상상'을 동원하는 것에 대한 불안을(심지어 의혹마저) 느꼈다. '공상'과 '상상'의 사이는 정말이지 종이 한 장 차이밖에는 나지 않는다. 그러니 복음서를 읽는데 상상력을 동원하는 것은 그 역사적 신빙성을 존중하지 않는 것은 아닐까 하는 고민이 들었던 것이다. 그리스도의 십자가에서 죽으신 것을 나는 역사적 사실로 받아들였다. 이것은 기독교 신앙과 내가 개인적으로 헌신하는 데 절대적으로 중요한 진리다. 그러나 그리스도가 죽음을 맞이하는 모습을 머릿속으로 상상한다고 해서 내가 이 사건의 역사적 사실성에 의문을 다는 것은 아니다. 역사적 사건이란 머릿속에 그려 볼 필요가 있다. 우리 마음의 극장에 그 장면 하나하나 재연함으로써 마치 사건의 현장 속에 있었던 증인들처럼 역사를 바로 알게 된다. 성경 지식에 기초해서 갈보리 사건을 상상해 보았을 때, 나는 그리스도의 구속의 죽음이라는 사무치는 격정과 고통을 난해하고 애매한 신학 서적을 읽을 때보다 더 강하고 실감나게 맛볼 수가 있었다."[2]

맥그래스 박사의 말처럼 비록 자신과는 기질적으로 맞지 않는다 할지라도 긍정적인 마음으로 열심히 훈련을 하면 상상기도를 통한 놀라운 하나님의 은혜를 체험할 수가 있는 것입니다. 특히 성경의 과거 사건으로 들어가서 생생한 현장을 체험하는 상상을 하기에 가장 적합한

---

[2] Alister McGrath, Knowing Christ<영성훈련>, 윤종석 역(서울: 두란노, 2003), p. 54.

기질(성격)은 감각적이고 보수적인 사람들입니다. 아주 실제적이고 과거에 대한 연속감과 강한 보수성을 가지고 윤리적으로 행하는 사람은 이러한 상상을 배우는데 처음에는 힘들겠지만 조금만 익숙해지면 영성생활에 상당한 도움을 얻을 수가 있습니다.[3]

어떤 기도이건 간에 처음에는 좀 어렵습니다. 하지만 주님께 나아가려는 열망으로 꾸준히 훈련하면 곧 아름다운 영적인 열매들을 얻을 수가 있을 것입니다. 처음에는 먼저 자신에게 가장 잘 맞고 하기 쉬운 기도를 배우고 그 은혜에 깊이 들어가고 나서, 다른 기도도 조금씩 익혀나가는 것이 좋습니다.

---

[3] 체스터 마이클 박사는 기도와 기질에 관해 여러 연구와 workshop을 통해 이와 같은 기질의 사람들이 상상기도에 가장 잘 맞는 사람들이라고 하였습니다. MBTI의 성격분류에 따라서 이러한 기질을 SJ(Sensing-Judging)형이라고 하는데 그 특징은 다음과 같습니다. "SJ형 사람들은 깊은 책임감을 가지고 있으며 항상 유용한 사람들이 되고 싶어 한다. 그래서 하나님께, 동료 인간들에게 강한 의무감과 책임감을 가지고 있다. 자비와 봉사는 SJ형에게 쉬운 것이다. 그들은 어려운 사람들을 돌보는 것을 진지하게 떠맡고 사회에 대해 좋은 일을 공헌하기를 갈망한다. 그리고 그들은 사회에서 질서와 계급을 좋아한다. 그들은 어떤 단체에 속하기를 원하며 여러 예법과 종교의식을 좋아한다. 그들은 강한 역사의식을 가지고 있으며 과거부터 전해져 온 관습과 연장자들에 대한 커다란 존경심을 가지고 있다. 그들은 탁월한 사회의 보호자요, 사회를 안정시키는 자들이다. 책임감을 너무 느끼는 그들은 종종 과도하게 일을 한다. 명백한 필요가 있을 때를 제외하고 그들에게 변화가 거의 없으며, 보통 현상을 유지하기 원하고, 그들의 취향과 선택은 보수적이다. 그들은 신중하고, 주의 깊고, 철저하고, 정확하고, 그리고 근면하다. 그들은 모든 기질들 중에서 가장 양심적이다." SJ형 기질은 좀 비관적인 성향이 있으므로 예수님의 수난과 죽음에 대한 것 보다는 부활을 더 상상하고 묵상하는 것이 좋습니다. Chester P. Michael, Marie C. Norrisey, Prayer and Temperament (Virginia, 1984), pp. 46-48.

| 기 | 도 | 제 | 안 |

1. 예수님을 바라보기

1) 자세를 편하게 하십시오.
2) 복식호흡을 하며 긴장을 푸세요.
3) 잠시 침묵 가운데 거하십시오.
4) 바로 내 앞에서 예수님이 계시다고 상상하세요. 그리고 예수님의 얼굴을 마음속으로 그려보세요. 이것이 잘 안 되는 분들은 성화나 영화에서 보았던 예수님의 얼굴을 떠올려도 됩니다.
5) 예수님의 얼굴을 마음속으로 그리고 예수님의 눈과 당신의 눈이 서로 마주쳐서 바라보고 있습니다.
6) 5-10분정도 그 상태로 있으세요.
7) 예수님의 눈을 바라보면서 어떤 느낌이 들었습니까? 당신은 주님으로부터 어떤 음성을 들을 수도 있고, 예수님께서 당신을 포옹하는 모습을 볼 수도 있습니다.
8) 이 상상을 통하여 당신이 받은 느낌이나 깨달음을 놓고 기도를 드리세요.
9) 침묵 가운데 거하십시오.

2. 예수님의 얼굴 빛

1) 시 44:1-5, 말 4:2, 계 21:23-25절을 읽으세요.
2) 상상을 통하여 예수님의 얼굴빛이 당신에게 비쳐지는 것을 마음에 그려보세요. 그 빛이 당신의 눈에 비추어집니다. 머리에 비추어집니다. 가슴에 비추어집니다. 그리고 온 몸을 비추어집니다. 당신 안에 있던 어두운 연기 같은 것이 몸 밖으로 빠져나갑니다. 당신의 몸은 변화산의 예수님처럼(마 17장) 너

무나도 환하게 빛나기 시작합니다. 온 몸이 가볍습니다. 환한 미소가 지어집니다. 두 손을 들고 주님을 넘치는 기쁨으로 찬양합니다.

3. 예수님과 산책

1) 자세를 편하게 하십시오.
2) 복식호흡을 하며 긴장을 푸세요.
3) 잠시 침묵 가운데 거하십시오.
4) 상상 속에서 주님과 함께 걸으십시오. 어디든 좋습니다. 당신이 가고 싶은 곳을 주님과 함께 가십시오. 깊은 숲 속의 작은 오솔길, 앞서 걸어가시는 주님을 따라 걸으십시오. 따사로운 햇볕을 즐기며 연못이 있는 곳까지 걸으십시오. 시냇물이 졸졸 흐르는 곳에서 발을 멈추고 주님과 함께 앉으십시오. 그리고 주님의 다리를 베고 누우십시오. 당신을 향한 주님의 따뜻한 사랑과 돌보심을 조용히 느껴보십시오. 주님과 함께 대화를 나누십시오. 주님의 표정을 살피십시오. 당신이 그분께 드리고 싶은 말씀을 드리십시오.[1]
5) 이 상상을 통해 받은 느낌 속에서 침묵 가운데 조용히 기도 하십시오.

4. 눈물로 예수님의 발을!

1) 누가복음 7장 36-50절을 읽으세요.
2) 자신을 시몬의 집에 계신 예수님께로 찾아 온 죄인된 여인으로 상상 하세요. 동네에서 비난받고 무시당하며 살아가는 죄인 된 여인의 마음으로 느껴보세요. 너무나 부끄러워 예수님의 뒤로 가서 아무 말 없이 울기만 했던 그 여인은 예수님께서 용서하신다는 말도 듣지 않았지만 예수님께 대한 사랑 때문에 눈물로 그분의 발을 적시고, 자기 머리털로 씻고, 그 발에 입 맞추고 향

---

[1] 정원, op. cit., pp. 61-62.

유를 부었습니다. 그 여인은 왜 그토록 울어야만 했는지 상상해보세요. 어떻게 그렇게 아름다운 사랑을 주님께 부을 수가 있었는지 느껴보세요.
3) 당신은 죄가 너무 많아서 오히려 주님으로부터 멀리 가려고 하지는 않았는지 묵상해보세요. 죄인 된 여인이 모든 사람 앞에서 자신의 사랑과 가진 모든 것을 주님께 부어드렸듯이 당신이 주님께 드려야 할 것을 올려드리는 상상을 해보세요.

5. 베드로의 부인(否認)
1) 누가복음 22장 54-62절을 읽고 장면들을 구체적으로 마음에 그려보세요.
2) 당신이 베드로라고 상상하세요. 예수님은 언제나 베드로를 가까이 옆에 두고 중요한 자리에 데리고 다니셨는데 베드로는 예수님을 멀찍이 따라 가다가 두려움 속에서 예수님을 부인하였습니다. 그가 세 번째 부인을 하고나서는 예수님께서 그를 돌아보셨고 베드로와 눈이 마주쳤습니다. 그 때 당신의 느낌은 어떻습니까? 예수님의 눈빛은 어떻게 보이는지 상상해 보세요.
3) 당신의 삶 가운데서 예수님을 부인하는 것은 없는지 묵상해 보세요. 그럴 때마다 나를 바라보시는 예수님의 눈길을 상상해 보세요.

6. 돌아온 탕자
1) 누가복음 15장 11-32절을 읽고 전체적인 장면들을 마음에 그려보세요.
2) 당신 자신을 탕자, 맏형, 그리고 아버지로 상상해보세요. 탕자의 자신만만하다가 비참해져서 처량하게 집으로 돌아오는 모습, 그런 아들을 간절하게 기다리는 아버지의 모습, 그리고 돌아온 자식으로 말미암아 너무나 기뻐하는 아버지와는 달리 동생에 대한 비판적인 자세로 냉담하고 자신만 생각하는 맏형의 모습이 되었을 때의 마음의 감정들을 느껴보세요.
3) 당신의 삶 가운데서 이 세 사람처럼 행동했던 때가 있었는지 생각해보세요. 당신에게 탕자의 아버지처럼 해야 하는 상황이 혹시 있지는 않은지 살펴보

세요. 그리고 모든 사람에게 아버지의 마음으로 대할 수 있도록 기도하세요.

6. 베드로의 고백

1) 요한복음 21장 1-19절을 읽고 장면들을 마음에 그려보세요.
2) 자신을 베드로라고 상상하세요. 예수님을 디베랴 바다에서 처음 보았을 때의 느낌이 어떻습니까? 예수님께서 "요한의 아들 시몬아 네가 이 사람들보다 나를 더 사랑하느냐"라고 하실 때 어떤 마음이 듭니까? 예수님의 질문에 성경에 나온 데로가 아닌 당신 자신의 말로 대답을 해보세요.
3) 베드로에게 하신 "나를 따르라"는 예수님의 말씀이 당신의 현재의 삶에 적용해 보세요. 주님을 온전히 따르기 위해서 당신은 어떤 결단을 해야 합니까?

7. 가나안 여인의 간구

1) 마태복음 15장 21-28절을 읽고 그 장면들과 대화들을 마음에 그려 보세요.
2) 자신을 가나안 여인이라고 상상하세요. 귀신들린 딸을 위해 간절하게 간구하는 여인의 기도를 처음에는 들은 척도 않으면서 나중에는 자녀의 떡을 개들에게 던짐이 옳지 않다는 모욕적인 대답을 듣고 나서의 당신의 느낌은 어떻습니까? "옳소이다"라고 하며 자신은 비록 개이지만 "자비를 베푸소서"라고 대답한 여인처럼 당신은 주님께 낮아질 수 있습니까?
3) 당신의 삶 가운데서 간절히 기도했지만 아무런 응답이 없었을 때 당신은 어떤 마음을 품었는지 기억해 보십시오. 딸을 위해 겸손히 끈질기게 기도할 수 있는 가나안 여인처럼 포기하지 않는 기도와 영혼에 대한 열정을 달라고 기도하십시오.

8. 나사로의 부활

1) 요한복음 11장 1-44절을 읽고 장면들을 마음에 그려보세요.
2) 자신을 나사로라고 상상하세요. 몸이 아픈 가운데 간절하게 예수님께서 어

서 오시기만을 기다립니다. 결국 예수님은 오시지 않고 죽음을 맞이합니다. 사랑하는 동생들은 옆에서 너무나도 서럽게 울고 있습니다. 울지 말라고 마리아에게 아무리 이야기를 해도 마리아는 듣지 못합니다. 몸을 일으키려고 하지만 손가락도 움직일 수 없습니다. 사람들은 내 몸을 염을 한 후에 컴컴한 동굴 속의 차가운 돌 위에 뉘여 놓습니다. 너무나도 춥고, 무섭고, 답답합니다. 끝없이 시간이 흐른 것만 같습니다. 갑자기 어디선가 귀에 익은 음성이 들립니다. "나사로야 나오너라." 천천히 온 몸에 따스한 생명의 온기가 퍼져 가더니 사지가 움직이기 시작합니다. 동굴 밖으로 나왔더니 사람들이 몸에 붕대를 풀어줍니다. 눈을 떠서 보니 예수님께서 팔을 벌리고 앞에 서 계십니다. 나는 달려가서 예수님과 포옹을 하고 그분에게 말씀드립니다.

3) 당신의 절망적인 상황 가운데 오셔서 당신을 구원해 주시는 예수님을 상상해 보세요.

4) 나사로의 죽은 몸처럼 차갑고 아픈 몸을 예수님께서 "일어나라"고 명하시며 치유하시는 모습을 상상해 보세요.

주님의 임재 안에
거하는 기도

chapter 5

말씀 기도

Bible Prayer

주의 말씀은 내 발에 등이요
내 길에 빛이니이다.
주의 의로운 규례를 지키기로
맹세하고 굳게 정하였나이다.
나의 고난이 막심하오니
여호와여 주의 말씀대로 나를 소성케 하소서.
여호와여 구하오니 내 입의 낙헌제를 받으시고
주의 규례로 나를 가르치소서.
나의 생명이 항상 위경에 있사오나
주의 법은 잊지 아니하나이다.
악인이 나를 해하려고 올무를 놓았사오나
나는 주의 법도에서 떠나지 아니하였나이다.
주의 증거로 내가 영원히 기업을 삼았사오니
이는 내 마음에 즐거움이 됨이니이다.
내가 주의 율례를 길이 끝까지 행하려고
내 마음을 기울였나이다(시 119:105-112).

우리는 말씀을 통하여 기도할 뿐만 아니라, 주님의 응답도 받습니다. 우리 주님의 뜻을 아는 가장 확실한 방법은 하나님의 말씀인 것입니다.

저는 기도 생활을 처음 시작할 때에 기도를 어떻게 해야 할지를 몰랐습니다. 그래서 오랜 전통을 따라 성경을 읽으면서 성경에 나온 내용을 가지고 기도를 많이 하였습니다. 지금까지도 하나님의 말씀을 붙들고 기도하는 것이야 말로 가장 확실하고 우리 주님이 기뻐하시는 기도라고 믿습니다. 미국으로 영성신학을 공부하러 갈 때, 그 해 첫 날 새벽에 받은 말씀인 빌립보서 4장 19절의 말씀을 마음에 품고 갔습니다.

"나의 하나님이 그리스도 예수 안에서 영광 가운데 그 풍성한데로 너희 모든 쓸 것을 채우시리라."

집에서 등록금은 어떻게 해결해 주었지만 생활비는 전혀 보내지를 않았습니다. 공부를 하면서 아르바이트로 생활비를 충당하기는 쉽지가 않았습니다. 먹을 것을 사먹을 돈조차 없을 때가 있었습니다. 저는 힘들 때마다 빌립보서 4장 19절의 말씀을 가지고 참으로 많은 기도를 했습니다. 주님께서 약속하신 데로 저의 모든 필요를 채워달라고 간절히 기도했습니다. 좋으신 우리 주님은 저의 모든 기도를 응답하셨습니다.

단순히 물질적인 것만 아니라 공부하는데 필요한 지혜까지도 그 풍성하심을 따라 채워주셨습니다. 영어도 잘 못하는 제가 학교의 수업을 따라가기에는 너무나 힘들어서 많은 스트레스를 받았습니다. 몇 번이고 포기하고 싶었습니다. 절망감과 포기하고픈 마음이 들 때마다 저는 책상 옆에 방석을 하나 놓고, 그 위에서 무릎을 꿇고 기도했습니다. "야고보서 1장 5절에 지혜가 부족한 자가 기도하면 우리 하나님은 후히 주시고 꾸짖지 아니하신다고 했는데, 주님 저에게 지혜를 주소서"라고 말씀을 의지해서 기도했습니다. 그러자 정말 기적 같은 일이 벌어졌습니다. 영어도 잘 못하는 제가 최우수 성적으로 졸업을 하게 된 것입니다.

제 성적을 아는 미국 친구는 저를 천재라고 할 정도로 놀라워했는데, 사실 가장 놀란 사람은 바로 접니다. 어떻게 그런 성적을 받았는지 저 자신을 봐서는 도무지 이해가 되지 않았습니다. 오직 부족한 종의 기도를 들어 응답하신 주님께 영광을 돌릴 수밖에 없었습니다.

저의 집 아이들이 저에게 요구하는 것 중에 제가 꼼짝없이 해 주는 것이 있습니다. 그것은 아이들이 "아빠가 약속했잖아"하며 달려들 때입니다. 애초부터 약속을 안 해야 하는데 아이들하고 약속을 하고 안 지키면 목사가 거짓말하는 꼴이 되니깐 피할 방법이 없는 것입니다. 마찬가지로 우리의 기도가 하나님 아버지의 약속의 말씀을 의지해서 하는 것이라면 우리 주님께서 약속 데로 우리에게 이루어 주실 것입니다.

우리는 말씀을 통하여 기도할 뿐만 아니라, 주님의 응답도 받습니다. 우리 주님의 뜻을 아는 가장 확실한 방법은 하나님의 말씀인 것입니다. 성경을 읽다가 어느 한 구절이나 단어에서 나에게 주시는 하나님의 음성을 들을 수가 있습니다. 성경말씀으로 받은 주님의 음성은 우리 마음에 흔들리지 않는 확신을 줍니다.

한번은 어디를 가야할지 말아야할지 몰라서 교회 지하실에서 기도를 하다가 엎드린 채로 희미한 불빛 아래서 성경을 보았습니다. 요한복음 14장을 읽다가 31절에 이르렀는데 "일어나라 여기를 떠나자"란 말씀이 마치 대문짝만하게 눈에 보이는 것이었습니다. 신약성경을 여러 번 읽었지만 거기에 그런 말씀이 있다는 것을 그 때 처음 알았습니다. 주님께서 마치 저에게 "일어나서 그곳으로 가라"고 말씀하시는 것 같았습니다. 그래서 저는 기쁨으로 일어나서 지하 기도실을 나와 목적지를 향해 갈 수가 있었습니다.

성경 말씀을 묵상하고 기도해야하는 또 다른 이유는 주님께서 우리에게 말씀을 풀어주실 때 강퍅한 심령들이 깨어지고 풀리기 때문입니다. 오랫동안 신앙생활을 해 온 분들 중에서도 심령이 돌같이 굳어 있는 분들이 있습니다. 돌 같은 심령을 가진 분들은 자신도 괴롭고 주위의 사람들에게도 고통을 줍니다. 영적 세계의 깊이나 그 놀라운 부드러움과 사랑을 잘 모릅니다. 인간적 열심은 있으나 언제나 심령은 차디찹니다.

이와 같은 심령을 풀기 위해서는 성경을 풀면 됩니다. 절망 가운데 엠마오로 내려가는 두 제자에게 예수님께서 성경의 말씀을 풀어주자 그들의 마음이 뜨거워졌다고 했습니다(눅 24:13-35). 그러므로 부드럽고 온유한 심령을 가지려면 기도와 묵상 가운데 성령의 도우심으로 말씀을 풀어 나아 가야합니다. 말씀을 풀면 심령은 풀립니다. 말씀이 열리면 심령도 열리게 됩니다. 왜냐하면 성경과 인간의 심령은 영적구조(spiritual structure)상 동일한 구조를 가지고 있기 때문입니다.

우리는 이 외에도 수많은 은혜를 성경을 통해 받을 수가 있습니다. 그 중에서도 가장 큰 은혜는 성경을 통하여 우리 하나님을 온전히 만나고 그분에 관해서 알 수 있다는 것입니다. 그래서 존 칼빈은 다음과 같이 말하였습니다.

"만약 우리가 하나님을 진정으로 관상하기를 원한다면, 우선 하나님의 말씀 속으로 들어가야만 한다. 왜냐하면, 우리를 향하신 하나님의 모습이 진실하게, 그리고 생생하게 묘사되어 있는 곳이 바로 성경이기 때문이다."[1]

앞 장에서 다룬 상상기도에서도 말씀을 통한 상상을 다루었지만 말씀에 관한 다음의 세 가지 기도 - 전환적 말씀기도, 추론적 말씀기도, 시편기도-를 묶어서 편의상 '말씀기도'라고 명명(命名)했습니다.

1) 전환적 말씀기도

이그나티우스가 제시한 상상기도에서 가장 중요한 단어는 '투사'(projection)이었습니다. 투사를 통하여 성경의 원래의 사건에 감각적으로 그 일부가 되어서 우리의 현재의 삶을 위한 실제적인 열매들을 이끌어 낼 수 있다고 하였습니다.

여기서 다루고자하는 말씀기도에서 가장 중요한 단어는 '전환'(transposition)입니다. 성경의 말씀들을 현재 우리의 상황으로 전환을 하는 것입니다. 이 기도에서는 원래의 역사적인 성경의 본문이 어떤 의미인가는 이차적인 관심이고, 가장 우선 되는 관심은 이 말씀이 현재 우리에게 의미(계시)하는 바가 무엇인가를 분별하려는 것입니다. 하나님의 말씀이 과거의 어느 상황에서 단순하게 선포되고 끝난 것이 아니라,

---

1) 성성종, <거룩한 상상> (서울:은성출판사, 2002), p. 222.

현재 우리의 상황 속에서 적용되어 살아있는 말씀이 되는 것입니다.

어떤 구약학자는 레위기 같은 성경은 과거 이스라엘의 제사법과 문화에 관한 글이지 별루 계시성이 없다는 말을 한 적이 있습니다. 이것은 너무나도 하나님의 살아있는 말씀에 대한 잘못된 이해를 하고 있는 것입니다. 우리는 레위기의 다섯 가지 제사를 통하여 십자가의 대속의 의미를 보다 잘 이해할 수 있습니다. 제사장을 통하여 대제사장이신 예수 그리스도를 만나게 됩니다. 레위기의 여러 성결법을 통하여 오늘날 우리가 어떻게 거룩한 삶을 살아야하는 지를 가르쳐 줍니다. 얼마든지 수 천 년 전에 기록된 하나님의 말씀이지만 현재의 삶으로 전환하여서 주님의 음성을 들을 수가 있는 것입니다.

과거의 성경말씀을 현재의 상황으로 전환하는 것은 신약시대에서부터 찾아 볼 수 있습니다. 예수님께서는 과거 선지자들의 글을 기원 1세기의 상황에 적용하기 위하여 전환을 사용하셨습니다. 산상수훈 (마태복음 5-7장)을 보면 여러 곳에서 "너희가 …라는 말을 들었으나, 나는 너희에게 이르노니…"라는 문구가 나오는 것을 볼 수가 있습니다. 이것은 과거에 선포된 하나님의 말씀을 당시의 상황에 맞게 전환해서 다시 새롭게 선포한신 것입니다.

서신서 기자인 사도 바울과 다른 신약성경의 저자들도 구약성경을 그 당시의 상황으로 적용하기 위하여 전환을 사용하였습니다. 전환적 말씀기도는 성경 말씀은 문자적으로 받아들이는 것이 아니라 그 안에 감춰진 충만하고 풍성한 의미를 찾는 것입니다.

"이 성경의 말씀은 나의 현재의 상황에서 어떤 의미가 되는 것일까?"

"성경의 옛 말씀들을 통하여 주님께서 나에게 주시려고 하는 메시지는 무엇인가?"

이 같은 전환 속에서 그들의 직관을 사용하여 성경을 현재와 관련시키는 것입니다. 그리고 나서 성령에 의해 우리들의 삶과의 일치를 위해 새롭게 발견된 의미를 확증하고 개인화 시키는 것입니다. 전환적 말씀기도는 구체적으로 네 단계를 거쳐서 할 수가 있습니다.

첫 번째로, 성경말씀을 그 가운데 감추어진 깊은 의미를 읽으려는 노력 속에서 하나님께서 말씀하시고자 하는 것을 주의 깊게 들어야 합니다.

둘째로, 그 의미를 기도하면서 성찰하고 그 영원한 지혜를 우리의 현 상황에 적용하는 것입니다.

셋째로, 적절한 개인적인 느낌과 대화로 하나님의 말씀에 응답하는 것입니다.

넷째로, 우리의 직관을 통하여 얻어지는 어떤 새로운 영감을 받기 위하여 고요한 묵상 가운데 있어야 합니다.[2]

---

2) Chester P. Michael, op. cit., pp. 61-64.

저는 기도생활을 처음 시작할 때에 성경을 읽으면서 성경에서 나오는 악한 사람들은 오늘날의 불신자, 타락한 사람으로 적용했고, 선하고 의로운 사람들은 모두 믿는 성도라고 생각했으며 나는 당연히 후자에 속한다고 여겼습니다. 그래서 성경을 읽고 나서 기도할 때마다 선하고 의로운 사람을 모델로 적용해서 주님께 간구했습니다.

예를 들면 출애굽기를 읽고 나서 "주님 저를 모세처럼 들어서 써 주소서, 하나님의 권능으로 방황하는 수많은 현대인들을 하나님의 나라로 인도할 수 있게 하소서"라고 기도하면서 동시에 광야의 이스라엘 백성들을 향해서는 '어떻게 저렇게 악할 수가 있나, 도저히 이해가 안 되는 족속들이네!'하고 속으로 생각했습니다. 그러나 어느 날 그 악한 광야의 이스라엘 백성들이 바로 나에게 하시는 하나님의 말씀임을 깨닫게 되었습니다.

매년 여름에 일본으로 단기전도 사역을 하러 갈 때마다 우리 팀은 너무나도 돈이 없었습니다. 단장으로서 저의 방침은 정기적인 후원자나 스폰서를 두지 않고 오직 주님만 의지하고 모든 재정을 충당해 나가는 것이었습니다. 삼십여 년 전 이었을 때 팀의 매년 지출액은 1000만원이 넘는 커다란 액수였지만 주님께서는 언제나 채워주셨습니다.

그런데 한해 여름에는 일본으로 출발하기 전 날 재정담당에게 물어보니 내일 일본으로 출발하는데 팀의 돈이 30만원도 안 된다는 것이었습니다. 그 정도 돈이면 일본의 화폐가치와 물가를 생각할 때 10명이 넘는 단원들이 단 하루도 일본에서 버티기 힘든 액수였습니다. 단원들은 잘 알지 못하고 늘 별 문제가 없었기 때문에 아무 걱정이 없었지만 단장인 저로서는 여간 고민이 되는 것이 아니었습니다. 기도는 하면서도 너무나 걱정이 되었습니다. 그래서 그 당시 신학대학원을 다닐 때 받은 장학금 중에 일부인 30만원을 가지고 가기로 했습니다. 그러면서 기도하기는 "주님 제가 받은 이 돈을 우리 팀 선교 헌금으로 바치겠습니다"라고 하며 제 딴에는 헌신이라고 생각했습니다.

하지만 공항으로 지하철을 타고 가는 중에 생전 처음으로 지갑을 소매치기 당해서 저의 모든 돈을 잃어버렸습니다. 걱정되던 팀의 재정을 언제나 그랬던 것처럼 일본에서 돌아올 때는 가지고 갔던 돈의 10배 정도의 액수가 남아 있었습니다. 저는 그렇게 수많은 이적을 체험하고도 언제나 원망하고 불평하며 불신(不信)하던 광야의 이스라엘 백성들을 욕하고 무시했지만 그것은 바로 저의 모습이라는 것을 깨닫게 되었습니다.

팀의 재정을 언제나 주님께서 놀랍게 채워주셨는데 그것을 매번 체험하고도, 못 믿어서 걱정하고 인간적인 방법을 사용하는 제가 바로 광야의 이스라엘 백성임을 고백하지 않을 수가 없었던 것입니다. 저는 너무나도 부끄러워서 그 다음부터는 성경에 나오는 모든 사람과 사건을 저에게 적용해서 저의 모습을 살피며 기도하게 되었습니다.

성경의 말씀을 현재의 상황으로 전환해서 그 의미를 찾고 나아가 미래의 세계까지 예견하는 것이 전환적 말씀기도입니다. 마이클 박사는 직관(Intuition)과 감정(Feeling)이 발달된 사람들이 전환적 말씀기도을 잘 할 수 있다고 하였습니다. 왜냐하면 성경 말씀을 자신에게 적용하는 새로운 통찰력을 얻기 위해서는 무엇보다도 직관적인 능력이 필요하기 때문입니다.

직관을 통해 얻어진 메시지를 개인화하기 위해서는 감정기능이 반드시 활성화되어야 합니다. 만약 그렇지 않으면 말씀들은 비개인적이고 추상적인 것이 되고 우리의 삶에 지속적인 영향력을 잃게 될 것입니다.[3]

---

3) 이러한 기질을 MBTI에 근거해서 NF(iNtuition-Feeling)형이라고 합니다. NF형의 특징은 다음과 같습니다. "NF형의 사람들은 대개 창조적이고 낙관적이며 말이 많고 설득력 있으며 솔직하고 저술과 연설 모두 잘한다. 그들은 자기표현의 커다란 욕구를 가지고 있으며 다른 사람들과 쉽게 통하는 면이 있다. 그들은 분쟁을 싫어하며 상황이 딱딱해지고 긴장되면 최고의 능력을 발휘할 수 없게 된다. 그들은 얼굴을 맞대고 보는 만남을 좋아하며 표정들을 읽을 수 있고 무언의 대화도 가질 수가 있다. NF형들은 남을 돕는 일을 떠맡으며, 그들의 친구가 되는 사람들과 좋은 관계를 유지한다. 그들은 열성적이고 통찰력이 있으며 이해와 동정과 감정이입(感情移入)이 풍성하다. 자신과 다른 사람들에 대해 자주 비판적으로 되는 SJ형들과 대조적으로 NF형들은 대개 긍정적이고 모든 사람의 장점을 보려고 한다. 그들은 높은 이상을 이루려고 인생의 긴 여정을 걸어가는 사람들이다. 직관적으로 그들은 단순한 헌신에 만족하지 않고 하나님께서 모든 사람들에게 심어 놓은 무한한 잠재력을 개발하려고 항상 노력한다. 대다수의 사람들은 현실 지향적인데 반해 NF형은 미래 지향적이다. 그래서 다른 기질의 사람들은 NF형들이 현실에 만족하지 않고 끊임없이 변화를 바라는 것을 잘 이해하지 못한다. NF형은 계속 감추어진 의미를 구하므로 모든 사건과 관계성에서부터 의미의 고양된 감각을 이끌어낸다. 직관과 창조적인 상상력을 통하여 NF형들은 인생의 경험들에 새로운 의미 - 지금 이 자리(here and now)의 단순한 외형적인 사건 뒤에 있는 의미를 부여할 수 있다. 실제적으로 현재의 것이 무엇이든지간에 그것은 NF형에게 전혀 충분한 것이 못된다. NF형이 절대 지지할 수 없는 것은 가시적이고 외형적이며 바로 지금 이 자리의 사물 또는 사건이 전부라는 사고이다. 반드시 영적인 세계에서는 보다 나은 그 어떤 것이 있을 것이다. 그러므로 대부분의 NF형들은 하나님과 기도에 대해 갈급함과 목마름을 경험한다. SJ형 기질의 사람들은 과거에 대해 깊은 관심을 가지고 있는 데 반해 NF형 기질의 사람들은 미래의 가능성들에 대해 대단한 관심을 가지고 있다. NF형들은 이 세계의 공상가들인 것이다. 이 기질의 사람들은 세상과 그들을 인도하는 하나님의 뜻과 운명의 새로운 방향들을 예견하려고 한다. 대개 이 기질의 사람들에게서 여러 시대의 징조들을 살피려는 예언자들이 나온다. NF형들은 성령의 은사를 잘 받을 수 있는 종말론적인 신자들이다. 그리고 예언(anticipation)의 강조는 그들에게 가장 호소력 있는 예배의 한 부분이다." Ibid, pp. 58-62.

| 기 | 도 | 제 | 안 |

1. 요한복음 17장을 읽으세요. '저희'라는 단어를 자신의 이름으로 바꾸어서 읽어보세요. 예수님께서 당신을 위해 기도하는 내용이 어떻게 느껴지십니까? '저희'를 당신의 가정이나 교회로 바꾸어서 예수님이 기도하신다고 상상해 보세요. 예수님처럼 당신도 기도할 수 있습니다. 그리고 그 기도를 이루기 위해서 당신이 해야 할 일이 있다면 그것이 무엇인지 기도하고 실천해 보세요.

2. 이사야 43장 1-5절을 읽으세요. '야곱'과 '이스라엘'을 당신의 이름으로 바꾸세요. 주님께서 이 말들을 당신에게 직접 말씀하신다고 상상해 보세요. 이 말씀들은 현재의 당신의 상황에서 어떤 의미를 가지고 있습니까? 하나님의 메시지를 당신의 현재 삶으로 전환해 보세요. 주님께서 당신에게 "두려워 말라"고 하실 때 무엇에 관하여 말씀하시고 계십니까? 어떤 두려움을 당신은 가지고 있습니까? 물과 불은 고대의 사람들에게는 가장 큰 위험들이었습니다. 당신의 삶 속에서 직면하고 있는 가장 두려운 위험은 어떤 것입니까? 주님께서는 위험스러운 시간에 어떻게 하라고 말씀하고 계십니까? 예수님께서 지금 당신에게 말씀하신다고 상상하세요. "너는 내 눈동자와 같이 귀하도다. 내가 너를 사랑하노라. 두려워 말라 내가 너와 함께 있음이라."[1] 기도 가운데 이러한 주님의 음성을 직접 느낄 수 있도록 침묵 속으로 들어가세요.

3. 마태복음 5장 21-26절을 읽으세요. 이 말씀이 당신에게 주시는 하나님의 말씀으로 받아들이세요. 형제를 향하여 "미련한 놈이라 하는 자는 지옥 불에 들

---

1 Ibid., p. 65.

어가게 되리라"고 하신 말씀이 당신에게 어떻게 적용되나요? 당신의 삶 가운데서 주위 사람들에게 '저 사람은 머리가 나쁘구나, 무식해서 상대할 가치가 없는 사람이구나!'라고 생각한 적은 없는지 묵상해 보세요.

예수님께서는 "제물을 제단에 드리다가 거기서 네 형제에게 원망 들을만한 일이 있는 줄 생각나거든 예물을 제단 앞에 두고 먼저 가서 형제와 화목하고 그 후에 와서 예물을 드리라"고 하셨습니다. 쉽게 이 말씀을 바꾸면 하나님께 예배를 드리는 것보다 형제를 사랑하는 것이 먼저 해야 할 일이다고 말씀하시는 것입니다. 주님은 그 만큼 우리가 서로 사랑하는 것을 중요시 하는 것입니다. 당신의 삶 가운데 하나님 앞에서 '나만 깨끗하면 됐지'하며 형제에게 상처 준 것을 그냥 무시하고 지난 간 적은 없는지 묵상해 보세요.

고린도전서 13장 4-8절의 말씀에서 '사랑'이라는 단어 대신에 자신의 이름을 넣어서 읽어보세요. 그리고 그 말들이 얼마나 진실 되는가를 기도 가운데 묵상해 보세요.

2) 추론적 말씀기도

추론적 말씀기도는 성경이나 어떤 주제에 대하여 원인에서 결론까지 논리적으로 추론해 나아가는 기도입니다. 이 기도는 논리적 훈련이 잘 되어있지 않거나 감성적인 분들에게는 거부감을 줄 수 있는 기도입니다. 많은 분들이 기도란 머리가 아니라, 가슴으로 하는 것이라고 믿습니다. 그래서 기도 중에 기쁨과 감격이 있어야 하며 환상 같은 것을 보는 체험이 있어야 한다고 생각합니다.

그러나 사고기능이 발달하고 지성적인 사람들에게는 이러한 보편적인 생각이 오히려 받아들이기 거북한 것입니다. 이성적이고 논리적인 사람들에게는 폭발하는 감정적 체험을 상당히 거부하는 경향이 있습니다. 기도란 정서적일 필요도 없으며 즐기는 것이 아니라고 믿는 것입니다. 그들에게는 '생각하는 기도'가 참된 기도입니다. 그들은 인간의 모든 지능과 지식을 다하여 더 이상 사고가 생각할 수 없는 데까지 간 다음에 거기서 주님을 만나는 것입니다. 그분들은 아마 이렇게 자신의 영성과 기도에 대하여 말할 것입니다.

"나는 본성적으로 회의론자야. 나는 하나님과의 논쟁을 통해 그분께 굴복 당했지. 그리고 신앙을 갖게 되었어. 마치 사도 바울처럼 말이야. 나의 영성은 나의 논쟁이 바닥을 드러내었을 때 시작된거야... 나에게는 기도가 논쟁이야... 물론 나도 사랑이나 분노 등과 같은 감정에도 민감해지려고 애쓰지 그런데 머릿속으로 그런 감정을 생각하지 않고서는 느낄 수가 없어. 그래서 그런지 내 기도는 항상 논쟁적이지."[4]

우리의 가슴을 지으신 분은 머리도 지으셨습니다. 그러므로 우리는 주님께서 주신 이성을 통해서도 주님께 나아갈 수 있는 것입니다. 현대의 지성인들에게 "무조건 믿으라"고 강요하는 것은 "무조건 믿지 말라"는 말과 같은 말이 되는 것입니다. 복음이 무엇인지, 왜 예수님은 십자가에 돌아가셔야만 했는지, 구원이란 무엇인지 잘 이해하고 믿어야 하는 것입니다.

물론 성령의 강권적인 역사로 우리의 이해를 초월해서 하나님을 만나고 믿을 수는 있지만 주님은 늘 그렇게 역사하는 것은 아닙니다. 예수님께서 이 땅에 계셨을 때의 삼중사역은 가르치는 일과 복음을 전파하시는 일, 그리고 치유사역이었습니다.

"예수께서 온 갈릴리에 두루 다니사 저희 회당에서 가르치시며, 천국 복음을 전파하시며, 백성 중에 모든 병과 모든 약한 것을 고치시니"(마 4:23).

위의 말씀을 보면 예수님의 삼중 사역 중에 가장 먼저 나오는 것이

---

4) 조옥진 편저, <성격유형과 그리스도인의 영성> (광주: 생활성서사, 1996), p. 214.

가르치시는 것입니다. 이것은 복음을 전파하기 위해서는 먼저 사람들에게 참된 복음이 무엇인지 잘 이해를 시킨 다음에 믿음의 결단을 촉구하기 위함입니다. 지성의 전당이라는 대학도 중세 때 수도원에서 시작되었다는 것은 모든 역사책에 나오는 이야기입니다. 세계에서 제일 좋은 대학 중에 하나라는 '하바드'나 '프린스톤'대학들도 그 이름들 자체가 목사님들의 이름인 것입니다. 그분들의 도움으로 대학을 시작했기 때문에 그분들의 이름을 따라 지었던 것입니다.

우리나라에서도 여러 대학들이 선교사들에 의해서 세워졌습니다. 그럼에도 불구하고 많은 젊은이들이 대학에 들어가면 기독교가 비이성적이니 샤머니즘이라니 하면서 교회를 떠나는 것은 너무나 가슴 아픈 일인 것입니다. 우리에게는 비록 차갑고 건조해 보이지만 추론적 말씀기도가 필요합니다. 그래야지만 감각적인 절정 체험만을 추구함으로 얻어지는 여러 가지 부작용을 막고, 신비주의로 전락되지 않을 수 있는 것입니다.

저는 신앙생활을 하면서 많은 의문을 가지고 있었다. 주님을 믿는 데는 별로 어려움을 겪지 않았지만 어떻게 하면 제대로 잘 믿을 수 있는가를 많이 고민했습니다. '과연 신앙이란 무엇인가, 믿음생활을 한다는 것은 무엇을 의미하는가, 성경의 나오는 수많은 의문점들을 어떻게 하면 풀 수 있는가? 왜 믿어야 하는가? 왜 나는 성경에 나오는 데로 풍성한 삶을 살지 못하는가?' 등등의 질문을 항상 마음에 품었습니다. 예를 들면 로마서 7장에 나오는 바울의 고민이 저의 고민이었습니다.

"내 속사람으로는 하나님의 법을 즐거워하되 내 지체 속에서 한 다른 법이 내 마음의 법과 싸워 내 지체 속에 있는 죄의 법 아래로 나를 사로잡아 오는 것을 보는 도다. 오호라 나는 곤고한 사람이로다. 이 사망의 몸에서 누가 나를 건져내랴"(롬 7:22-23).

마음으로는 하나님의 뜻대로 살고 싶은데 아무리 기도를 해도 저는 계속해서 죄를 너무 많이 짓고 사는 것이었습니다. 이런 고민을 바울은 "생명의 성령의 법"이 해결해 주었다고 하는데(롬 8:1-2) 그것이 무엇인지 알 수가 없었습니다.

바울을 갈라디아서 2장 20절에서 "나는 죽었고 내 안에 그리스도가 살아계시다"고 고백하는 데 저는 그 말도 이해할 수가 없었습니다.

여러 책을 읽고 생각하면서 십자가에서 우리 주님이 돌아가셨을 때 우리 또한 그분과 함께 죽었다는 것을 알게 되었습니다. 그래서 죄를 안 범하려고 노력하는 삶이 아니라, 이미 내 옛사람은 죽었음을 깨닫고 고백할 때 비로소 죄에서 해방 되는 삶을 살 수 있다는 것을 알게 되었습니다. 거기까지 이르는데 많은 연구와 논리적인 사고가 있었습니다. 그리고 결국 단순한 이성적 이해가 아니라, 기도 가운데 주님께서 빛을 비춰주실 때 그러한 진리가 비로소 저의 것이 될 수가 있었던 것입니다.

'피'에 관한 성경의 말씀도 이해하기 힘든 것이었습니다. 구약에서는 피를 먹지 말라고 하셨습니다. 피를 먹는 자는 죽으리라고 하시며 엄격하게 금하셨습니다(레 17:10-14). 그러나 신약에서 예수님은 인자의 피를 먹으라고 하셨습니다. 그 피를 먹지 않는 자는 생명이 없다고 하셨습니다(요 6:52-59).

물론 구약의 말씀은 진짜 피를 말하는 것이고 신약의 말씀은 영적인 예수님의 피에 관한 말이 아니냐고 생각하면 간단하지만 이 둘 사이에는 역설적으로 보이지만 연관성이 있습니다. 성경에는 이와 같은 맥락의 많은 진리가 있는 것입니다. 피에 관한 구약과 신약의 말씀은 율법과 은혜와의 관계이며 앞에서 말한 십자가의 '대속적 죽음'과 '일치적 죽음'과 같은 맥락에 있는 것입니다. 즉, 우리가 예수님의 피를 마실 때 구약적 의미에서는 우리 옛 사람이 피를 마셨기 때문에 죽게 되고, 다시 거듭나서 피로 말미암아 새 생명을 얻게 되는 것입니다.

저에게는 이 진리를 연구와 기도 중에 깨닫고 너무나도 커다란 신앙생활의 전환을 가져왔습니다. 힘들게 노력하고 애써도 늘 실패하는 믿음 생활이 아니라 승리하는 삶을 살 수 있도록 이끌어 주었던 것입니다. 성찰과 연구만이 있고 삶의 변화가 없다면 그것은 진정한 추론적 말씀기도가 될 수 없습니다. 이 기도가 단순히 지적인 활동만이 있고 선택된 주제에 대한 결과가 개인화가 안 되면 아무런 의미 없는 지적 사유에 불과한 것입니다.

그렇기 때문에 이 기도방식은 비인격적이고 객관적인 탐구에만 그

쳐서 감성과 느낌이 소홀히 되는 위험에 빠지지 않도록 조심해야 합니다. 추론적 묵상을 통해 얻어진 결단들을 실천하기 위해서는 하나님과의 깊은 대화를 통하여 그분의 은혜와 사랑을 구해야 합니다. 지적인 결단과 확신을 통하여 그리스도와 같이 되기를 바라는 것이 추론적 말씀기도의 본질이 되어야 합니다.

마이클 박사는 인구의 10여 퍼센트에 불과하지만 직관(Intuition)과 사고(Thinking)기능이 발달한 사람들이 이와 같은 추론적 묵상을 잘 할 수 있다고 하였습니다.[5] 추론적 말씀 기도제안에서는 여섯 가지 질문 - 언제, 어디서, 누가, 어떻게, 무엇을, 왜 - 들을 해야 할 것입니다.

---

5) MBTI에 근거해서 이러한 기질을 NT(iNtuition-Thinking)형이라고 합니다. NT형의 기질적 특징은 다음과 같습니다. "이 기질의 사람들은 어떤 문제를 원인에서 결과 까지 또는 결과에서 원인까지 정리된 사고력을 가지고 접근할 수 있는 논리적인 정신을 소유하였다. 그들은 정신적으로 복잡하고 중압적이고 도적적인 어떤 것이 있다면 바로 그것에 끌린다. NT형은 열렬히 진리를 추구하고 진리의 지식에서 나오는 자유를 갈망한다. 그들은 이해하고, 깨닫고, 설명하며, 예견하고자 하는 커다란 욕구를 가지고 있으며 그것에 의해 삶의 현실을 지배하려고 한다. NT형은 완전주의자가 되려는 경향이 있으며, 다른 사람의 결점에 대해서나 마찬가지로 자신의 실패에 대해서도 매우 주의한다. 이 기질의 사람들은 일벌레들이고, 놀아야할 시간에도 일을 하도록 계획을 짜놓고 유익한 시간만을 요구하는 경향이 있다. 그들은 노는 게임에서조차 우수해야 한다. 그래서 불쌍한 실패자가 되기 쉽다. 매우 경쟁적인 그들은 모든 실수들을 피하려고 노력한다. 보통 감정은 NT형의 열성 기능이기 때문에 타인과의 관계에 있어서 개인적인 교제를 갖지 않는 경향이 있다. 타인과의 대화에 있어서 그들은 간결하고 딱딱하며 논리적이며 마지못해 명확한 것을 이야기 하곤 한다. 하지만 그들은 대개 상당히 솔직하기 때문에 다른 사람이 그들과 어떤 관계인가를 항상 정확히 알 수 있다. 그들은 자주 사람들의 감정적인 반응들을 잊어버리고, 내적 개인관계에 무감각하며, 그들의 차가운 행동이 어떤 결과를 가져오고, 타인에게 어떤 상처를 주는지를 알지 못하는 경향이 있다." op. cit., pp. 80-81.

| 기 | 도 | 제 | 안 |

1. 가난

1) 누가복음 6장 20절과 마태복음 5장 3절을 읽으세요.
2) '가난한 자'와 '심령이 가난한 자'의 차이점은 무엇입니까?
3) 오늘날 많은 교회와 성도들이 신앙생활 잘하면 물질의 복을 받는다고 하는데 이 말씀은 그들에게 어떤 의미가 됩니까?
4) 마태복음 19장 23절에서 예수님은 "부자는 천국에 들어가기가 어렵다"고 말씀하셨는데 이 말의 의미는 무엇입니까?
5) '작고 가난한 자'라는 별명을 가진 성 프란시스는 가난의 영성으로 중세를 밝히는 등불 같은 삶을 살았습니다. 오늘날 우리에게 필요한 가난의 영성은 무엇입니까?
6) 당신의 삶에 어떤 변화가 필요한지 침묵 가운데 기도하십시오.

2. 의인(義人)

1) 창세기 6장 9절, 욥기 1장 8절, 로마서 3장 10-18절을 읽으세요.
2) 로마서에서 "의인은 없다"고 했는데 구약에서는 노아와 욥을 향하여 의인이라고 호칭했습니다. 이 둘의 연관성은 무엇입니까?
2) 그리스도인이 아닌 세상 사람들 중에서도 '위대한 영혼'이라고 불리는 인도의 마하트마 간디같이 윤리, 도덕적으로 훌륭한 삶을 사는 사람들이 있는데, 그들은 의인이 아닙니까?
3) 성경에서 말하는 '의'와 '악'은 무엇입니까?
4) 당신 안에는 참된 의와 거룩함이 있습니까?
5) 침묵 가운데 하나님의 의(義가) 당신 안에 온전히 이루어지기를 기도하십시오.

3) 시편 기도

"66권의 성경 중에서 가장 좋아하는 성경은 무엇입니까?"라고 물어 보면 대부분의 성도들은 "시편이요"라고 대답할 것입니다. 저 역시 시편을 가장 좋아합니다. 시편을 좋아하는 많은 이유 중에 하나는 주님 앞에서 저의 마음을 가장 잘 표현해 준다는 것입니다.

시편 안에는 하나님을 찬양하는 것만 있는 것이 아니라, 기도 가운데 인간의 슬픔, 원망, 저주, 분노, 참회 등의 감정을 표현하고 있습니다. 특히 힘들고 어려운 일이 당했을 때 시편을 읽으면서 기도하면 마음을 잘 표현해서 기도할 수 있기 때문에 큰 위로가 될 수 있습니다. 한 번은 마음이 좀 어두운 상태에서 시편 25편 16절을 읽었습니다.

"주여 나는 외롭고 괴롭사오니 내게 돌이키사 나를 긍휼히 여기소서."

"외롭고 괴롭습니다"는 바로 저의 마음의 상태를 표현해 주는 정확한 말이었습니다. 저는 그 구절을 보자마자 갑자기 눈물이 쏟아져 나왔습니다. 그렇게 한참을 울며 기도를 하자, 우리 주님의 위로를 느낄 수가 있었고 곧 저의 마음은 평화를 되찾게 되었습니다.

시편의 중심은 우리 하나님을 찬양하는 것이기 때문에 시편기도의 주제 또한 주님을 높이는 것이 되어야 합니다. 어거스틴이 말한 대로 우리가 천국에서 영원히 주님을 찬양하는 삶을 살려면 이 땅에서 찬양의 기도 생활에 자신을 훈련시켜야 합니다. 이 사실은 많은 성도들이 잘 알고 있습니다. 그러나 시편 가운데는 우리 심령의 원통과 분노를 쏟아내는 것이 있다는 것을 잘 인식하지 못하는 분들도 있습니다.

저도 그런 사람 중에 한 사람이었습니다. 저는 언제가 제 인생에서 아주 중요하다고 생각하는 것이 제 생각 데로 안 되고 그 결과가 형편없었습니다. 저는 너무나도 낙담이 되었지만 교회에 가서 기도를 했습니다. 기도 중에 늘 배운 데로 비록 절망스러운 마음은 있었지만 일이 잘 안 된 것에 대하여 주님께 감사의 기도를 드렸습니다.

"주님께서 이 일을 통하여 합하여 선을 이루시고 주님의 뜻이 온전히 이루어질 것을 믿고 감사드립니다."

열심히 감사하려고 했지만 제 마음은 여전히 아프고 괴로웠습니다. 그래서 저는 제 속에서 치밀어 올라오는 데로 하나님께 큰 소리로 따졌습니다.

"하나님 제가 도대체 주님을 믿어서 잘 된 것이 무엇입니까? 제가 그렇게 기도하고 주님을 섬겼건만 제 삶은 왜 이렇게 비참합니까? 차라리 저를 죽이십시오. 더 이상 살고 싶지도 않습니다. 차라리 나를 당장 죽이라고요!"

소리소리 지르면서 요나와 같이 미련하고 악한 기도를 했지만 마음에 있는 것을 다 쏟아내고 나니 너무나도 속이 시원했습니다. 그런데 이상한 것은 잠시 고요가 흐르더니 저도 모르게 눈에서 눈물이 주르륵 흐르는 것이었습니다. 제 안에 계신 성령님이 슬퍼하시고 마음 아파하시는 것 같았습니다. 저는 자연스럽게 회개를 하게 되었고 마음 속에 진정한 감사와 평화가 다시 흘러들어 왔습니다. 몇 년이 지나서 돌이켜 보았을 때 그 일이 제 뜻대로 안 된 것이 얼마나 감사하고 우리 주님께서 저를 위해 하신 일임을 깨닫게 되었습니다.

저는 그 때 너무나도 불손하게 하나님께 소리를 지르며 원망했던 것이 죄송하고 부끄러웠습니다. 하지만 시편을 보면서 많은 신앙의 선배들도 때론 하나님께 그런 기도를 했다는 것을 알게 되었습니다. 시편 73편의 첫 내용은 아삽이 하나님 앞에서 불평을 하는 것입니다. "악한 사람들은 편하고, 돈 많고, 장수하는데, 하나님을 믿고 정결하게 사는 나는 왜 종일 재앙을 당해야 합니까"하며 한숨을 쉬며 원망하고 있습니다. 하지만 17절에서 하나님의 성소에 들어가서 주님과의 교제가 회복되었을 때 깨달음이 임하고 자신의 미련함을 고백하며 다음과 같은 아름다운 고백을 합니다.

"하늘에서는 주 외에 누가 내게 있으리요 땅에서는 주 밖에 나의 사모할 자가 없나이다" *(시 73:25)*.

크리스토퍼 바르트가 "시편은 기도를 배우는 학교"라고 말한 것처럼[6] 저는 시편을 통하여 참된 기도가 무엇인지 알게 되었습니다. 마음에도 없는 가식적인 미사여구로 기도하기 보다는 마음 중심을 주님께 쏟아내는 것이 가장 중요하다는 것을 알았습니다.

그것이 원망과 불평과 심지어 저주와 원수를 갚아달라는 것이라 할지라도 시편에 나온 데로 주님 앞에 쏟아내는 것이 참된 기도라는 것을 알게 되었습니다. 만약 이런 마음들을 사람에게 쏟아낸다면 죄를 범하는 것이 되겠지만 우리 중심을 아시고 사랑하시며 치유하시는 주님께 골방에서 토해내는 것은 참으로 아름다운 것입니다.

시편기도는 이렇게 우리 마음에 있는 것을 모두 표현해 주기 때문에 진실한 기도가 될 수 있습니다. 또한 시편을 통하여 우리는 주님을 만나고 그분의 음성을 들을 수가 있습니다. 하나님은 시편의 신비 안에서 당신 자신을 우리에게 온전히 드러내 보여주시기 때문입니다.

기도의 핵심은 두 가지입니다. 주님을 만나서 내 마음을 그분께 드리고 그분의 뜻과 음성을 듣는 것입니다. 그러므로 시편을 통하여 주님께 우리의 사정을 아뢰고 그 속에서 육화된 주님의 신비와 음성을 들어서 하나님을 묵상할 수 있어야 합니다. 이에 대하여 지니 마일리 (Jeanie Miley)는 다음과 같이 말하였습니다.

---

6) Thomas Merton, Praying The Psalms<시편으로 바치는 기도, 가장 완전한 기도>, 오무수 역(서울: 성바오로, 1985), p.14.

"성경 말씀대로 기도하는 것이야말로 하나님과 깊은 교제로 가는 문을 열어 주는 묵상의 가장 고전적인 방법이다. 예를 들면, 시편 가운데서 하나를 택해 아주 천천히 주의 깊게 읽어 내려가다가 당신의 주의를 끄는 문장이나 구절이 나오면 그 구절을 몇 번이고 곱씹으며 거기에 담긴 의미를 생각하는 것이다. 시선을 끈 그 구절을 몇 번이고 계속해서 읽다보면 언젠가는 그 말씀이 당신을 가르칠 때가 올 것이다. 뿐만 아니라, 시편에 나오는 말들에 정신을 몰입하면 할수록 당신의 마음은 그만큼 더 변화될 것이다."[7]

시편 23편을 대부분의 성도들이 암송하듯이 시편기도를 잘하기 위해서는 시편을 계속 암송하는 것이 좋습니다. 사막교부들의 일반적인 기도 형태는 주중에는 시편을 차례로 암송하면서 밧줄을 꼬는 것이었습니다.[8] 시편을 일컬어 "가장 완전한 기도"라고 한 토마스 머튼은 시편 암송에 관해 다음과 같이 말했습니다.

"평신도들이 하루에 단 한 편의 시편을 골라서 천천히 기도하며 묵상하는데 방해될 것은 없을 것이다. 이를 테면 잠자리에 들기 전에 끝기도로 시편 한 편을 암송하면서 깊이 생각에 잠기는 것은 참으로 평

---

7) Jeanie Miley, The Spiritual Art of Creative Silence<침묵기도>, 김인화 역(서울:두란노서원, 2002), pp.50-51.
8) Benedicta Ward trans. The Saying of the Desert Fathers<사막교부들의 금언>, 이후정, 엄성옥 공역(서울:은성, 1995), p. 27.

화스럽고 좋은 것이다. 더욱이 시편을 암송해 나가다가 마음에 깊이 와 닿는 구절이 있으면 그곳에 잠시 머물러 깊은 관상에 들어가면 좋다. 이보다 더 좋은 묵상이 또 어디 있겠는가?"[9]

　시편을 소리 내어 암송하고 나서, 시편을 깊이 묵상할 때 성령님은 더욱 더 우리 안에서 기도하십니다. 우리가 시편의 의미를 깊이 깨닫고 시편의 언어로 기도할수록 주님의 은혜는 그만큼 우리의 마음과 의지를 사로잡게 되며, 결국 우리를 거룩하신 예수님과 일치를 이룰 수 있도록 해주는 것입니다.
　특히 우리들이 고통과 위험 중에 처해 있을 때 시편으로 기도한다면, 영혼 깊은 데서부터 우리 편이 되시려고 서서히 나타나는 '신비스러운 친구'를 만나게 되며 그분과 일치되어 있는 우리 자신을 발견하게 될 것입니다. 그분은 우리에 앞서서, 또한 우리를 위하여 고통을 받으신 그리스도이십니다. 그분은 시편을 통하여 우리에게 다가 오십니다. 만일 우리가 이 시편으로 기도하지 않았다면 아마도 우리는 그분을 발견하기가 힘들었을 것이며, 우리의 삶은 절망으로 치닫고 말았을 것입니다.[10]
　시편기도를 통하여 더욱 주님을 사랑하고 주님과 하나가 되시기를 바랍니다.

---

9) op. cit., p.38.
10) Ibid., p. 52.

| 기 | 도 | 제 | 안 |

시편 106편은 이스라엘의 역사를 돌아보며 주님께 참회의 기도를 하는 내용입니다. 이 시편을 읽고 자신의 삶을 기도문으로 작성해 보세요. 어거스틴은 이런 방법으로 자신의 자서전을 썼습니다. 입으로 하는 설교보다도 편지가 훨씬 더 강력한 바울처럼 어떤 분들에게는 말로 하는 기도보다도 글로 쓰는 기도가 더 아름답고 깊이가 있습니다. 펜을 들었을 때가 가장 기도를 잘 할 수 있는 순간이라고 한 뉴만(New-man)의 말처럼 글로 쓰는 기도가 가장 은혜스러운 사람이 있습니다.

"저는 아들만을 바라는 가정에 딸로 태어나 아무도 저를 환영하지 않았지만 주님께서는 그 때도 저를 아시고 안아주셨습니다... 제가 너무나도 외로워서 눈물 흘릴 때 주님은 제 곁에서 저를 안고 함께 울어주셨습니다... 주님 사랑합니다."

이런 식으로 자신의 일생을 기도 시(詩)로 적으면 주님께서 지금까지 늘 함께 계셨음을 느끼고 커다란 감격을 하게 될 것입니다.

chapter 6

자유 기도

"당신이 이미 선물로 주신 영원한 생명을
나의 어리석음으로 놓치는 일이 없게 하여 주소서.
모든 일상(日常)의 어려움에 대해서는
굴복이 아니라 극복의 태도로 임하게 하소서.
살아 있을 때
한 번이라도 더 찬미의 기도를 바치게 하소서.
살아 있을 때
이웃에게 한 번이라도
더 따스한 격려의 말과 웃음을 주게 하소서.
밝은 햇빛, 바람, 공기 - 잊기 쉬운 자연의 혜택을
고마워하며 내가 살고 있는 이 세상을
좀 더 애정 어린 눈으로 바라볼 수 있게 하소서.
남이 몰라주어도 즐거울 수 있는 조그만 선행과 봉사를
한 번이라도 더 겸손하게 실천하는 용기를 주소서.
그리고
언제나 '믿음의 선한 싸움'으로 하루가 평화롭게 하소서."

- 이 해 인 -

기도는 우리의 마음과 입술만을 사용하는 것이 아니라 온 몸으로 드릴 수 있습니다. 온 몸을 움직여 주님께 나아가 그분을 향한 우리의 마음을 쏟아낼 수가 있는 것입니다.

현대를 일컬어 자유분방한 시대라고 합니다. 전통적인 것에 얽매이지 않고 각자가 개성을 따라 남의 눈치를 보지 않고 자유롭게 살아가는 시대입니다. 한국 교회의 예배도 전통적인 것에서 벗어나서 다양한 형태의 예배를 교회마다 드리고 있습니다.

열린 예배라는 명칭은 원래 미국에서 윌로우 크릭 커뮤니티 교회의 빌 하이벨스(Bill Hybels) 목사님이 시작한 '구도자 중심 예배'(Seeker Targeted Service)를 쉽게 번역한 것입니다. 이 예배는 전통적인 예배 형식을 따르지 않고, 불신자들을 위해 알기 쉽고 거부감 없는 예배를 드리기 위해 현대적인 복음성가나 드라마 등을 예배 중에 사용합니다.

한국에서는 많은 교회가 불신자들을 위한 예배뿐만 아니라 청년예

배와 심지어 주일 낮 장년 예배(대예배)도 열린 예배로 드리고 있습니다. 이러한 현상에 대해서는 많은 찬반양론이 있지만 한 가지 분명한 것은 외향적이고 감각적인 사람들은 전통적이고 형식적인 것보다는 자유로운 것을 선호한다는 것입니다.

이러한 기질적 특징은 기도에서도 마찬가지입니다. 대부분의 성도들은 기도란 조용한 골방에서 무릎을 꿇고 내적인 세계로 들어가는 것이라고 생각하지만, 외향적이고 감각적인 사람들에게는 그러한 기도가 힘이 듭니다. 그들에게 있어서 진정한 기도는 골방을 나와서 하나님이 지으신 자연으로 나가 아름다운 풍경을 보고, 새소리와 시냇물 소리를 들으며, 들꽃의 향기를 맡고, 나무와 돌을 만지며 주님과 대화하는 것입니다.

"노동이 곧 기도다"(Labore est Orare)란 말은 외향적이고 행동적인 사람들에게 가장 잘 어울리는 말입니다. 그들에게는 행동하는 것이 기도이기 때문입니다. 특히 가난하고 소외된 사람들을 돕고 섬기는 것이야 말로 그들에게 있어 참된 기도가 되는 것입니다. 많은 사람들이 형제, 자매에게 사랑을 실천하는 것이 기도라고 생각하지 않습니다.

하지만 주님은 "가난한 사람들에게 대하는 것이 곧 나에게 대하는 것이다"(마 25:31-46)라고 하셨습니다. 병들고 가난한 사람들 속에서 우리는 주님을 만날 수가 있는 것입니다. 그들을 통해 주님의 음성과 은혜를 받을 수가 있습니다. 그러므로 골방기도를 통해서만 주님을 만나려고 하지 말고, 더 나아가 사랑의 실천을 통하여 주님을 만날 때 진정한 기도가 되는 것입니다.

　외향적이고 감각적인 사람들은[1] 자주 기쁨과 찬양과 사랑으로 충만해지는 열광적인 본성이 있으므로 전통적이고 형식적인 기도보다는 새로운 형태의 기도들을 시도해 볼 수 있습니다. 그 중에 하나가 바로 춤 기도(Dancing Prayer)입니다. 기도는 우리의 마음과 입술만을 사용하는 것이 아니라 온 몸으로 드릴 수 있습니다. 온 몸을 움직여 주님께 나아가 그분을 향한 우리의 마음을 쏟아낼 수가 있는 것입니다.

　저는 편의상 위의 세 가지를 자연 묵상, 실천 기도, 춤 기도로 나누고 전체를 자유기도라고 명명해 보았습니다.

---

[1] MBTI에 의해 마이클 박사는 이와 같은 기질을 SP(Sensing-Perceiving)형이라고 하였습니다. SP형 기질의 특징은 다음과 같습니다. "SP형은 제한받지 않고 자유로워야 하며 그들 내부의 영(inner spirit)이 행하라고 하는 것은 무엇이든 간에 할 수 있어야 한다. 그러므로 이 내부의 영이 단순히 인간의 영이나 악한 영이 아니라 성령이 되기 위해서는 SP형이 하나님께 헌신되는 것은 매우 중요한 것이다. SP형은 충동적이고, 규칙 같은 것에 속박당하는 것을 싫어한다. 그들은 행동하는 것을 좋아하고 위기를 조정하며 엉켜진 문제들을 잘 풀고, 일을 잘 진행되게 할 수 있다. 그들은 유순하고, 사교적이며, 융통성이 있으며, 기꺼이 직업을 바꾸기도 한다. 그들은 과거나 미래와는 상관없이 매우 현실적으로 살아간다. 어제나 내일은 SP형에게 전적으로 존재하지 못한다. 그들은 항상 무언가 새로운 것과 새로운 장소와 새롭게 할 수 있는 일들을 찾는다. 그들은 대단히 재미있는 사람들이며 온갖 이야기들로 가득 찬 파티와 같은 인생을 살아간다. 인생을 광범위하게 살아가는 그들은 좌절에 빠진 사람들에게 새 소망을 줄 수 있으며 그들 자신은 단지 일시적으로 절망을 경험할 뿐이다. 그들은 가치 있는 이유를 위해서는 위대하게 영웅적으로 희생할 수 있다. 그러므로 그들의 호연(好演)함이 다른 기질들이 참을 수 없는 엄청난 희생을 발휘할 수가 있다. 일단 가치 있는 목표라고 확신하게 되면 그것을 추구해 나가는 것은 SP형에게 있어서는 일이 아니라 하나의 오락이 된다. SP형은 선물을 주고받는 것을 좋아하며 받는 사람에게서 기쁨과 놀라움의 반응을 보는 것을 즐거워한다. 그들은 다른 사람들에게 선물로 줄 수 있는 물건을 만들기 위해 그들의 기술과 솜씨를 발휘하라는 충동을 느낄 것이다. 기도 중에서, SP형은 악기, 미술, 행동 그리고 감각들을 포함한 어떠한 것이라도 사용하여 자주 하나님께 대한 사랑을 나타낼 것이다. 그들에게 딱딱한 스케줄과 엄격한 기도 과정은 시간 낭비이며 영적 열매를 맺는데 있어서 매우 비효율적이다. 그들의 기도시간에 자유를 주면 줄수록 더 많은 열매를 맺을 수 있다. 일단 SP형들이 하나님께 자신을 전적으로 헌신하기로 하였으며 그들은 어떠한 희생도 거부하지 않을 것이다." Ibid., pp. 69-73.

1) 자연묵상

저의 집이 바로 산 밑에 있었습니다. 창문을 열면 숲이 보였고 비가 많이 온 날은 시냇물 소리까지 들렸습니다. 아침이면 새들의 지저귀는 소리에 잠이 깨고 철이 되면 온 집이 아카시아 향기로 가득 차는 그런 집이었습니다. 저는 자주 산에 올라가서 사람이 잘 다니지 않는 한적한 곳에서 기도를 하였습니다. 특별히 어떤 기도를 하지 않아도 그 장소에 가면서 그리고 가만히 앉아만 있어도 너무나도 좋은 시간들이었습니다.

산의 모든 것 속에서 주님의 아름다운 은혜와 사랑을 체험할 수가 있었습니다. 숲 속의 향기를 가슴 속 깊이 들이 마시면 마치 주님의 사랑의 입김을 들이마시듯이 영혼이 새로워지고 힘이 솟아났습니다. 열심히 움직이는 개미들을 통해 주님은 제가 어떻게 살아야 하는 지를 가르쳐 주셨습니다. 수 십 년을 지내 오면서 수많은 비바람과 폭설 속에서도 그 푸름을 잃지 않고 하늘을 향해 뻗어나가는 나무들은 제가 주님을 어떻게 섬겨야 하는지를 조용히 말해 주었습니다.

침묵 가운데 눈을 뜨고 우리네 사람들이 사는 도시를 산위에서 내려다보면 건물, 자동차 그리고 사람들이 참으로 작게 보였습니다. 사람들은 그 곳에서 아옹다옹하며 싸우고 걱정하고 살아갑니다. "저렇게 작고 작은 것에 매여 일생을 허비하지 말며 영원한 나라를 위해 살게 하소서"란 기도가 저절로 나오곤 하였습니다. 갖가지 색으로 나뭇잎

들이 찬란하게 물들여지면 저의 마음을 그리고 온 세상을 주님의 사랑으로 아름답게 채워달라고 기도했습니다.

때론 밤이 늦도록 부르짖으며 기도하였습니다. 너무나도 추운 겨울에도 산위에 올라 기도하면 온 몸과 마음이 따스해져서 내려오기도 하였습니다. 저에게 있어서 산은 주님을 만나는 가장 좋은 장소이자 기도 그 자체였습니다. 그리고 얼마 후에 깜짝 놀란 사실은 한 사람, 두 사람 산에서 기도하는 사람들이 늘어나기 시작했다는 것입니다.

저는 제가 기도를 시작하기 전까지는 산에서 한 번도 기도하는 소리를 들어 본적이 없었습니다. 그런데 제가 기도를 하고 나서 얼마 후에 사람들이 기도를 하기 시작했는지 낮이고 밤이고 기도 소리가 선명하게 들리기 시작했던 것입니다. 저는 그분들의 기도로 제가 소리 내어 기도하면 기도소리가 상당히 크게 제가 살던 동네의 몇몇 집에 들린다는 것을 알게 되었습니다. 한편으로는 산에서 기도하는 사람들이 늘게 되었다는 것이 감사했지만 동네 사람들에게 미안했습니다. 그래서 그 다음부터는 소리를 질러서 기도를 하지는 않았던 기억이 있습니다.

예수님께서 자주 산과 들에서 기도를 하셨듯이 우리는 자연 속에서 주님을 만나고 그분의 음성을 들을 수 있습니다. 주님을 생각하며 숲 속을 산책만 해도 그것은 좋은 기도의 한 방식이 될 수 있습니다. 시편기자는 "하늘이 하나님의 영광을 선포하고 궁창이 그 손으로 하신 일을 나타내는도다"라고 선포하고 있습니다. 사도 바울도 만물이 하나님의 영원하신 능력과 신성을 분명히 나타내고 있다고 하였습니다(롬 1:18-25).

그러므로 자연을 묵상함으로 그 속에서 하나님을 참 모습을 발견하고 그분의 교훈을 얻을 수가 있는 것입니다. 존 밀턴은 그의 명시 '실락원'에서 이렇게 썼습니다.

"피조물을 묵상하며 우리는 한 걸음씩 하나님께 올라간다."[2]

자연 묵상에 대하여 이해인 수녀님도 아름다운 기도시를 지으셨습니다.

> 내 허전한 마음을 기도로 채우지 못할 때는
> 혼자서 산에 오릅니다.
> 하늘을 향해 푸드득거리는 한 마리의 어린 산새처럼
> 나는 문득 당신이 그립습니다.
> 내 단단한 고독을 시(詩)로도 녹일 수 없을 때는
> 혼자서 산에 오릅니다.
> 잃어버린 언어를 찾듯
> 여기저기 흩어진 작은 솔방울들을 주우면
> 나의 손끝에서 웃음을 튕기는 햇살.

---

2) Gary Thomas, Sacred Payhways<영성에도 색깔이 있다.>, 윤종석 역(서울:CUP, 2003), p. 54.

바다 빛도 묻혀 온 저 청청한 솔바람 소리에

당신의 정든 음성을 내가 듣습니다.

한 장의 고운 추억을 따듯

한 장의 고운 나뭇잎을 손에 들고 서 있으면

나는 보채는 어린이처럼 당신이 그립습니다.

당신 품에 안기듯

깊은 산에 깊이 안겨

깊이 잠들고 싶습니다.[3]

우리의 영성이 깊다면 장소나 환경에 상관없이 하나님을 만나고 그분의 임재 가운데서 살아갈 것입니다. 평생토록 하나님의 임재 가운데서 삶을 보낸 17세기의 로렌스 수사는 수 십 년을 시끄럽고 소란스러운 주방에서 봉사했지만 그분은 바쁘게 일하는 동안에도 심령은 마치 고요한 성전에서 무릎을 꿇고 기도하듯이 주님과 동행했다고 하였습니다.

하지만 부족한 우리들과 높은 경지에 이른 영성가라 할지라도 할 수만 있다면 자연 속으로 들어가서 새롭고 깊게 주님과의 만남을 가져야 합니다. 그것은 단지 우리의 영뿐만 아니라 몸과 마음에 다 유익합니다.

---

3) 이해인, <두레박>(서울: 분도출판사, 1987), p. 51.

'태양의 노래'에서 모든 피조물을 향해 형제, 자매라고 한 프란시스는 꽃들과 동물들에게도 설교를 하곤 했습니다. 그러면 새들과 각종 짐승들은 그 앞에서 조용히 그분의 설교를 끝까지 들었습니다. 그래서 그분의 별명이 '동물들의 성자'가 된 것입니다. 프란시스가 그토록 자연을 사랑한 것은 그 속에서 주님을 만날 수가 있었기 때문입니다.

그렇다고 세상의 물질문명을 다 버리고 산속으로 들어가야 한다는 것은 아닙니다. 오히려 한적한 자연 속에서 기도를 하시고는 다시 마을로 가셔서 복음을 전하시고 사람들을 치유해 주신 예수님처럼 자연 묵상을 하고나서 우리도 세상으로 가서 사랑의 실천을 해야 하는 것입니다.

| 기 | 도 | 제 | 안 |

산이나 들판으로 가서 "들에 핀 꽃을 보라"고 하신 예수님의 말씀을 기억하며(마 6:28-34) 들꽃을 하나 찾아서 조용히 관조해 보십시오.

- 들꽃은 결코 스스로 자기가 꽃을 피울 장소를 고르지 않습니다. 바람에 날린 씨앗이 척박한 땅에 떨어지든지 비옥한 땅에 떨어지든지 하는 것입니다. 어떤 땅이든지 간에 들꽃은 자기가 심겨진 바로 그 자리에서 아름답게 피어난 것입니다. 당신이 태어나고 현재 속해 있는 자리도 하나님께서 인도하신 곳입니다. 당신이 그 곳에서 어떻게 아름다운 꽃을 피울 수 있는지 묵상해 보십시오.

- 들꽃은 인간의 도움이 없어도 하나님께서 직접 햇빛과 물을 주셔서 아름다운 꽃이 되었습니다. 당신의 삶에 어떤 부족으로 인해 근심이 있다면 들꽃을 자라나게 하신 주님을 바라보십시오.

- 예수님은 솔로몬의 모든 영광보다도 들꽃이 더 아름답다고 하셨습니다. 이것은 신앙의 깊은 은혜에서 풍기는 신령한 심령의 덕성(德性)이 가장 아름답다는 말씀입니다. 당신은 세상의 표피적인 화려함을 혹시 부러워하고 있지는 않습니까? 당신의 숨은 속사람을(벧전 3:3-4) 들꽃 같은 아름다움으로 채워달라고 기도하십시오.

2) 실천 기도

어느 목사님과 영성에 관한 대화를 하는 중에 그분은 말씀하시기를 "한국교회의 영성에 대한 저의 우려는 수많은 기도는 있지만 그에 따른 삶의 실천과 행동이 없다는 것입니다"라고 하셨습니다. 저는 그분이 무슨 말씀을 하시는지 잘 알고 있습니다. 세계 기독교 역사상 가장 빠른 성장을 하였고, 세계에서 가장 기도를 많이 하는 교회를 가진 우리나라이지만 세계에서 가장 삶의 모범이 되는 교회냐에 대해서는 조금 회의가 들기 때문입니다.

어떤 여자 성도가 기도한다고 기도원에 몇 달씩 거하면서 가정을 돌보지 않아 자녀들이 피폐해지는 모습을 저는 본적이 있습니다. 기도원이나 산 속에 들어가서 금식하며 부르짖는 기도, 하나님의 음성을 듣고 환상을 보는 기도, 그리고 몇 시간이고 무릎을 꿇고 하는 기도만이 최고로 잘하는 기도이며 유일한 기도라는 잘못된 생각이 위와 같은 잘못을 범하게 하는 것입니다.

"노동이 곧 기도다"(Labore est Orare)라는 라틴어 격언은 서방 수도원의 아버지라고 할 수 있는 베네딕트(Benedict)의 영적 가르침에 근거해서 나온 말입니다. 베네딕트 이전에도 동방의 수도사들은 사막이나 수도원에서 노동을 하였지만 그 노동은 기도로부터 자유로운 시간에 여가를 메우기 위한 수단과 경제적인 생활로만 여겨졌습니다. 하지만 베네딕트는 '노동이 곧 기도'라는 가르침을 통하여 관상과 행동의 일치를 강조했습니다. 이러한 가르침은 노동을 과소평가하던 당시의 시민들을 깨우쳤고 중세의 새로운 문화의 토대가 되었습니다.

기도는 노동이란 말은 더 나아가 기도는 곧 우리의 삶이 되어야 한다는 것을 의미합니다. 결코 골방에서 하는 기도만이 기도가 아닙니다. 온전한 기도란 우리의 삶으로 드리는 기도가 되어야 합니다. 토마스 머튼은 기도에 대해 다음과 같이 말했습니다.

"하나님, 제가 숨 쉬는 것만으로도 당신께는 더 좋은 기도가 되게 하소서. 입술 보다는 발걸음이 더 좋은 기도가 되게 하소서."[4]

이것은 단순히 입술의 기도만이 아니라 자신의 모든 삶이 기도가 되기를 바라는 간절한 소원인 것입니다. 특히 가난하고 소외된 사람들 가운데로 나아가는 것이 우리 주님을 가장 잘 만날 수 있는 길입니다. 예수님은 마태복음 25장에서 "가난한 자들에게 한 것이 곧 나에게 한 것이다"라고 하셨습니다. 가난하고 병든 분들을 섬길 때 주님을 진정으로 만나게 되는 것입니다.

프란시스는 그의 회심과 전 생애를 통하여 가난하고 병든 자들 속에 있었습니다. 프란시스는 40일 동안 라 베르나(La Verna) 산에서 금식 기도를 한 후에 손과 발 그리고 옆구리에 예수님과 같은 성흔(stigmata)

---

4) 토마스 머튼, <침묵속에 만남>, op. cit., p. 57.

을 받은 후 온 세상을 돌아다니며 그 놀라운 체험을 간증하러 다닌 것이 아니라, 다시 문둥병 환자들에게 가서 그들을 섬겼습니다. 이것이 프란시스의 기도였습니다. 그가 문둥병 환자들 가운데 거하는 것과 십자가에 못 박히신 예수님을 체험한 것 사이의 관계성의 패러다임(paradigm)은 그의 영성의 중심이었습니다.

제자들에게도 가난하고 병든 자들을 섬기는 것을 언제나 강조함으로, 도움을 청하는 어려운 사람들 속에서 자신을 나타내시는 그리스도를 만나는 달콤한 체험을 프란시스는 나누어 주고 싶어 했던 것입니다. 존 포웰(John Powell)은 "다른 사람들 속에서 하나님을 만나는 것은 하나님과 사람이 나눌 수 있는 대화 가운데 가장 값진 것이다"[5]라고 하였습니다. 다른 사람들, 특히 가난한 사람들 속에서 주님을 만나는 것이 가장 깊은 주님과의 대화, 즉 기도가 되는 것입니다.

캘커타의 마더 테레사 수녀는 가난한 자, 병든 자, 궁핍한 자들의 눈을 들여다보며 하나님의 형상을 보았다고 하였습니다.[6] 금식하며 간구할 때만 영적인 것을 보는 것이 아니라 가난하고 병든 사람들 속에 거할 때 주님을 모습을 보게 되는 것입니다. 헨리 나우웬은 "가장 묵상적인 것이 가장 행동적인 것이다"라고 하면서 다음과 같이 말했습니다.

---

5) 지니 마일리, op. cit., p. 208.
6) 릭 워렌, op. cit., p. 176.

"기도와 행동을 절대 상충되는 것이나, 상호 배타적인 것으로 보아서는 안 된다. 행동 없는 기도는 무력한 경건주의로 변질되고 기도 없는 행동은 의심스런 조작으로 전락한다. 기도가 정말 우리를 긍휼에 찬 그리스도와 더 깊은 연합으로 이끌진대 그것은 언제나 구체적인 섬김의 행위를 낳도록 되어 있다. 마찬가지로 구체적 섬김의 행위가 진정 우리를 가난한 이들, 굶주린 이들, 병든 자를, 죽어가는 자들, 눌린 자들과 더 깊은 일체감으로 이끌진대 그것은 언제나 기도로 이어지도록 되어 있다. 기도를 통해 우리는 그리스도를, 그리고 그분 안에서 인간의 모든 고통을 만난다. 섬김을 통해 우리는 사람들을, 그리고 그들 안에서 고난의 그리스도를 만난다."[7]

제가 고아원에서 아이들과 지내면서 재미있는 일도 많지만 너무나도 가슴이 아파서 지금도 생각하면 눈물이 나는 추억들이 있습니다. 아침 일찍 아이들이 일어나면 저는 조금이라도 아이들에게 부족한 사랑을 느끼게 해주려고 조그마한 아이들을 번쩍 들어서 꼭 껴안아 주었습니다. 그러면 아이들이 저보다 더 꽉 저를 안고서 손을 놓지 않았습니다. 하지만 여러 아이들이 있기 때문에 저는 잠시 후엔 결국 아이를 내려놓고 다른 아이들을 껴안아 주면서 마음속으로 얼마나 울었는지 모릅니다.

---

7) Henri J. M. Nouwen, The Only Necessary Thing, Living a Prayerful Life<꼭 필요한 것 한 가지, 기도의 삶>, 윤종석 역(서울: 복 있는 사람, 2002), pp. 148-158.

'이 아이들에게 사랑이 필요한데, 정말 부모의 사랑이 필요한데, 아이들 하나하나 자기는 정말 사랑받고 있다는 것을 느끼게 해 주어야 하는데, 저의 사랑은 너무나 부족합니다. 주님! 어떻게 하면 좋습니까?'라며 속으로 탄식하며 기도한 적이 있습니다.

고아원을 나온 후에 세계에서 가장 아름다운 항구 도시 중에 하나라는 미국의 샌프란시스코에서 공부를 했습니다. 저의 학교는 높은 언덕에 있어서 야자수 사이로 금문교와 바다가 보이는 멋진 곳이었습니다. 하지만 시간도 많았고 영성신학을 공부했음에도 불구하고 저의 기도 생활과 영성은 고아원에서 있을 때가 훨씬 좋았습니다. 학교에서 편하게 생활할 때보다 고아원에서 힘들게 지낼 때가 주님과 더 깊은 교제의 삶을 살 수가 있었습니다.

아이들을 향한 저의 작은 사랑이 주님을 더욱 사랑하게 해 주었습니다. 하나님을 사랑할 수 있는 가장 좋은 길은 골방에서의 기도뿐만 아니라 다른 사람들을 사랑하는 것입니다(요일 4:20).

"자녀들아 우리가 말과 혀로만 사랑하지 말고 오직 행함과 진실함으로 하자"는(요일 3:18) 말씀처럼 우리는 말과 혀로만 기도하지 말고 행함과 진실함으로 기도해야 하는 것입니다. 행동은 간절한 기도입니다. 사랑의 실천은 진정으로 주님을 만나고 그분과 대화할 수 있는 위대한 기도입니다. 기도와 행동은 분리되지 않고 일치되어 우리의 삶이 기도가 되어야 합니다. "예수원 가는 길"이라는 앨범 중에 '노동이 기도'라는 노래의 아름다운 가사는 다음과 같습니다.

고요한 중에 기도하는 나의 몸 된 종들아

찬양 가운데 기도하는 내 사랑하는 자녀들아

너희의 구슬린 땅방울에 생명의 기도를 듣고 싶다

너희의 구릿빛 어깨 위로 중보의 소리를 듣고 싶다

노동이 기도요 기도가 노동이라

노동이 기도요 기도가 노동이라

행동이 기도라고 해서 골방에서의 기도는 필요 없다는 것은 결코 아닙니다. 기질적으로 외향적이고 감각적이며 행동주의자라고 해도 반드시 골방에서의 기도는 필요합니다. 그리 긴 시간동안 기도하지 못한다고 해도 조용히 주님과의 내면적인 기도 후에 하는 모든 사랑의 실천이 온전한 기도가 될 것입니다.

| 기 | 도 | 제 | 안 |

가족을 섬기기

흔히들 사랑의 실천을 말하면 다른 사람들을 먼저 찾는데, 제일 먼저 해야 할 일은 가족을 섬기는 것입니다. 남편과 아내, 부모님, 자녀들을 섬기고 사랑하고 친절하게 대할 때 실천기도를 시작할 수 있는 것입니다.

사랑의 실천

당신이 할 수 있는 일, 지금 할 수 있는 일을 하나 찾아서 정기적으로 실천해 보세요. 당신이 속해 있는 교회 안에서나 이웃을 위해 할 수 있는 일을 찾아보세요. 각 시, 군, 구, 자원봉사센터(전화번호: 국번없이 1522-3658)로 연락을 하면 여러 가지 자원봉사를 소개받을 수 있습니다. 고아, 무의탁노인, 장애인 등 불우한 이웃을 돕는 것 외에도 자원봉사자가 할 수 있는 다양한 활동이 있습니다.

3) 춤 기도(Dancing Prayer)

저는 교회를 한 다섯 살 때부터 다녔지만 중생의 체험을 한 것은 청소년기였습니다. 주님을 만나기 전까지 교회에서 찬양을 하며 율동을 하면 거의 따라 한 적이 없었습니다. 저에게는 율동이라는 것들이 하나같이 너무나 유치하게 보였습니다. 분위기상 마지못해 좀 따라하게 되면 너무나도 쑥스럽고 창피하게 느껴졌습니다. 하지만 주님의 은혜를 체험하고 난 후에는 180도로 달라졌습니다.

우리 주님 앞에서 율동을 하는 것이 너무나 좋아졌습니다. 그분을 향한 사랑을 온 마음과 몸으로 표현하고 싶기 때문입니다. 우리 주님의 그 놀라운 사랑과 은혜를 찬양하면서 목소리만으로는 부족함을 느끼기 때문입니다. 어떻게 하든지 찬양하며 춤추며 주님을 기쁘게 해 드리고 싶어졌습니다.

저의 집 아이들이 집에서 5-6살 때 노래하고 춤추라고 하면 아무런 망설임이나 부끄럼 없이 부모를 기쁘게 하기 위하여 즐겁게 하는 것을 많이 보았습니다. 제 마음도 주님 앞에서 "주님 사랑해요. 주님은 참 좋으신 분이에요"라고 외치며 노래하고 율동하는 것이 너무나 즐겁고 좋습니다.

찬양 시간만이 아니라 기도하면서도 저는 아주 가끔 춤을 추었습니다. 내가 의식적으로 하는 것이 아니라 사지가 저절로 움직이는 것 같았습니다. 춤을 추면서 마치 구름 위를 걷는 듯이 너무나 편하고 황홀

한 느낌이 들곤 하였습니다. 하지만 춤을 추는 저 자신도 처음에는 좀 어색했고 아무도 없는 기도실에서 몇 번 해보았을 뿐입니다. 그러다가 기도원이나 어떤 부흥집회에서 간혹 춤을 추는 분들을 보고 나만 춤을 추는 것이 아니라는 것을 알고 안심을 하였습니다.

춤 기도는 저의 기도생활에서 일상적인 것은 아니었습니다. 그저 어쩌다가 "성령님이 너무 강력히 임하시면 나도 모르게 추는 것이다"라고만 생각했습니다. 하지만 춤 기도에 대한 저의 인식이 획기적으로 바뀐 것은 미국에서 영성신학을 공부할 때였습니다.

영성신학의 과목 중에는 '다양한 기도'를 체험하는 시간이 있었습니다. 여러 기도의 전문가가 강의실로 와서 다양한 기도에 대해 설명하고 직접 체험할 수 있도록 하였습니다. 그 중에 한 분이 춤 기도를 설명하고 모든 학생들이 참여하게 하였습니다. 저는 처음으로 무의식적으로 한 것이 아니라 의식을 가지고 강사가 시키는 기본적인 동작을 하며 춤 기도를 하였습니다.

찬양음악에 맞추어서 저의 마음을 주님께 올려드리며 춤을 추었을 때 기쁨과 신비로움이 저의 마음에 가득 찼었습니다. 비록 시작은 의식적으로 했지만 주님의 임재를 경험할 수 있었습니다. 주로 입술과 마음으로 기도하던 저에게 그 날은 저의 몸으로도 일상적으로 기도할 수 있다는 것을 처음 깨달았습니다.

한국에 돌아와 학교에서 영성신학을 강의할 때 여러 기도를 소개하면서 이 춤 기도를 체험하게 했습니다. 그리고 강의실에서만이 아니라 일주일 동안 집에서도 해보고 그 느낌을 영성일지에 써서 내게 하곤 하였습니다. 대체로 학생들의 반응은 처음에는 상당히 어색하고 쑥스러워 했지만 새롭게 주님을 체험할 수 있는 계기가 되었다고 하였습니다.

한국교회에서는 아직 이러한 춤 기도는 생소한 것이고 받아들이기가 쉽지 않다는 것을 알고 있습니다. 아직까지도 많은 분들이 찬양집회에서 춤추는 것에도 강한 거부감을 가지고 있습니다. 한국의 대표적인 교회의 어느 목사님은 공개적인 자리에서도 자신은 교회에서 찬양하며 춤추는 것은 무당 생각이 나서 싫다고 하는 것을 직접 들은 적이 있습니다.

물론 타락한 세상에서 춤의 부정적이고 퇴폐적인 면도 많이 있습니다. 성경에서도 헤로디아의 딸이 헤롯 앞에서 춘 춤(마14:1-12)은 매우 음탕하고 악한 춤이었습니다. 하지만 성경에서는 춤을 긍정적으로 표현한 곳도 많이 있습니다.

대표적인 것은 다윗이 여호와의 궤를 메고 예루살렘으로 옮기면서 제사를 드리고 여호와 앞에서 힘을 다하여 춘 춤이 있습니다(삼하 6:13-14). 이스라엘 백성들이 홍해를 건너고 나서 여호와의 구원으로 인해 미리암과 많은 여인들이 소고(小鼓)를 잡고 춘 춤도 있습니다(출 15:20). 시편 149편 3절에서는 "춤추며 그의 이름을 찬양하며 소고와 수금으로 그를 찬양할지어다"라고 하였습니다.

신약에서 예수님께서는 탕자의 비유를 드시면서 아버지가 돌아 온 탕자를 위해 잔치를 벌이고 춤을 추었다는 말씀을 하셨습니다(눅 15:24-25). 또한 누가복음 6장 23절에서 "기뻐하고 뛰놀라"고 말씀하신 예수님은 춤이 기쁨을 표현하기 위한 정상적인 방법이라고 여기고 계시다는 것을 알 수가 있습니다.

바울은 "너희 몸은 너희가 하나님께로부터 받은바 너희 가운데 계신 성령의 전(殿)인 줄을 알지 못하느냐 너희는 너희 것이 아니라 값으로 산 것이 되었으니 그런즉 너희 몸으로 하나님께 영광을 돌리라"(고전 6:19-20)고 하였습니다. 그러므로 우리의 영혼으로만이 아니라 몸으로도 주님을 높이고 기도해야 하는 것입니다.

주후 5세기 동안 초대교회는 춤을 기쁨과 구원 그리고 경배를 표현하는 자연스러운 방법이라고 인식했습니다. 초기의 기독교인들은 그리스도의 재림, 순교자들의 영원한 생명 그리고 하늘과 땅 사이의 영적 결속에 대한 기쁨을 상징적인 동작으로 표현했습니다. 그들의 신앙은 단지 어떤 특정한 믿음들에 관한 지적인 동의가 아니라 풍부한 삶과 영적인 기쁨의 체험에서 비롯된 것이었습니다. 초기 기독교인들은 이러한 춤들을 숙달된 무용수로서가 아니라 기독교인의 자격으로 추었던 것입니다.[8]

근엄하기만 할 것 같은 12 - 13세기의 수도원에서는 종교적 가치를 지닌 춤을 만들었습니다. 예를 들어서, 프란체스코 수도회는 노래를

---

8) 마가렛 테일러, "예배에서의 상징적 동작의 역사," <종교와 무용>, 닥 아담스 & 다이안 아파스톨로스 카파도나 편., 김명숙 역(서울:당그래출판사, 2000), P. 33.

부르고 춤을 추었으며, 그들 자신을 일컬어 '노래하는 종'이라고 했습니다. 또한 시토 수도회의 수사들은 우주의 구원을 위해 춤을 추며 기도를 했습니다.[9]

오늘날에 와서 춤은 세속사회에서나 교회 안에서 많이 보편화가 되었습니다. 저는 교회에서 청소년들이나 청년들이 힙합(hiphop)을 추면서 주님을 찬양하는 것을 여러 번 보았습니다.

해마다 독일에서는 그 시대를 대표하는 지구촌의 젊은 춤꾼들이 한 주간 내내 춤판을 벌이면서 'Battle of a year'라는 대회를 엽니다. 그런데 이 세계적인 춤 대회에서 2002, 2003년에 이례적인 결과가 나왔습니다. 한국의 젊은 춤꾼들인 'Expression'(표현)이라는 친구들이 2002년에는 1등을 차지하더니 2003년에는 2등을 차지해 세계 춤꾼들을 놀라게 하였습니다.

흑인들처럼 레게 파마 헤어스타일을 하고 브레이크 댄스를 춘 그들에게 "무엇을 표현한 춤입니까?"라고 물었을 때 리더격인 이우성 형제의 대답은 감동적이었습니다.

"구원의 감격을 표현한 것입니다. 우리 춤은 세계 모든 청소년들이 함께 느끼고 함께 읽는 메시지입니다. 언어와 문화가 다르지만 이 춤으로 우리는 세계의 젊은이들과 교제합니다. 춤은 우리 신앙고백의

---

9) Ibid., p. 37.

도구입니다."

다른 팀원은 덧붙여서 대답을 하였습니다.

"브레이크 댄스는 젊은이들에게 주신 하나님의 선물입니다. 그리고 우리는 하나님의 영광을 위해 춤을 춥니다."[10]

그럼에도 불구하고 많은 분들이 춤에 대한 거부감과 주저함이 있을 것입니다. 자신은 한 번도 춤을 추어본적도 없고 잘 추지도 못한다는 생각이 있기 때문입니다. 어색하고 촌스러운 모습을 보이기 싫은 마음이 있을 것입니다. 하지만 전문적인 춤꾼이며 '치유 예술로서의 춤'이라는 분야를 개척한 선구자 중에 하나인 안나 할프린(Anna Halprin)은 이러한 일반적인 생각에 대해 다음과 같이 말했습니다.

"춤이나 동작이라는 말을 들을 때, 당신은 발레나 재즈 혹은 다른 양식화된 동작을 떠올리는가? 많은 사람들이 춤추기를 부끄러워하는 이유가 바로 위와 같은 연상(聯想) 때문이다. 내가 생각하는 춤이란 그러한 연상과는 전혀 무관하다. 춤이란 어느 한 개인의 미학적인 전유물이 아니며 모든 사람들도 할 수 있는 직접적이고 자연스러운 것이

---

10) 손달익, "춤꾼들의 하나님," <기독공보>, 2003. 11. 15, p. 3.

라고 할 수 있다. 춤이란 굳이 우아하고 아름답고 호화스러울 필요가 없다. 춤은 기괴할(grotesque) 수도 있고, 추하고, 어색하고, 웃기고, 불안하기도 하고, 갈등으로 가득할 수도 있다. 팔짝팔짝 뛰어오를 수도 있고, 바닥에 쓰러지고, 공격하고, 물어뜯고, 내 뻗을 수도 있다. 열려 있을 수도 혹은 닫혀 있을 수도 있고, 발끝으로 서거나 기어 다니거나 몸을 비틀고 돌리고 마구 치는가 하면, 뛰어 오르고 달리고 깡충깡충 뛰어 다닐 수도 있다. 함께 움직일 수도 있고 혼자 할 수도 있다. 뒤로 갈 수도 있고, 옆이나 위아래로 움직일 수도 있다. 동작은 곳곳에서 쉴 새 없이 일어나고 있다. 동작은 세포와 맥박 그리고 피와 호흡의 리듬이 만들어 내는 몸짓이다. 파도가 솟았다가 꺼지듯이, 밤과 낮이 차례로 바뀌듯이 동작도 마찬가지다. 동작은 생명이자 춤의 근원이다. 누구나, 나이가 얼마나 들었든 혹은 육체적 조건이 어떻든 상관없이 움직일 수 있는 능력을 가지고 있다. 마음의 눈으로 본 이미지를 옮길 수 있다면 작은 손가락 하나면 어떤가!"[11]

그러므로 춤 기도를 하면서 멋있고 세련되게 할 필요는 없습니다. 다만 주님을 향한 마음을 표현하고 온 몸을 통하여 주님께 나아가고자 하는 열망만 있으면 됩니다. 성경은 기도할 때에 중요한 표현 방법 중에 하나인 손의 자제에 대한 자세한 묘사가 나옵니다.

---
11) Anna Halprin, Dance as a Healing Art<치유 예술로서의 춤>, 임용자, 김용랑 역(서울: 물병자리, 2002), p. 36.

"그러므로 각처에서 남자들이 분노와 다툼이 없이 거룩한 손을 들어 기도하기를 원하노라"(딤전 2:8).

성경이 말하는 데로 단순히 손을 들고 원을 그리며 천천히 걸으며 기도해 보십시오. 아니면 가만히 앉아서 손을 아래에서 위로 올렸다 내리며 기도해도 그것은 춤 기도의 시작이 될 수 있는 것입니다.

마사 메리 맥고(Martha Mary McGaw)는 '그대가 성장하는 길'(60 Ways to Let yourself Grow)에서 춤에 대해 다음과 같은 시를 지었습니다.

춤추고 춤추십시오

당신의 근육들을 유연하게 풀어놓고
당신의 에너지를 마음껏 풀어놓으십시오.
당신은 좁은 데서나
넓은데서
닫힌 데서나
탁 트인 데서
춤을 출 수 있습니다.
당신은 부엌에서도 춤출 수 있고
야외의 넓은 들에서도 춤출 수 있습니다.
그러니 결국 아무데서나

춤을 출 수 있는 셈입니다.

춤은 마음의 자세입니다.
춤은 당신 내면에 대한
하나의 반응입니다.
당신의 몸이 삶의 한 순간에
반응하는 것입니다.
그것은 영혼의 반응이기도 합니다.

당신의 생각이 춤을 추게 하십시오.
당신의 마음이 춤을 추게 하십시오.
당신의 기도가 춤을 추게 하십시오.
춤은 당신이 진정으로 살아 있음을 보여주는
하나의 증거입니다.[12]

춤은 전문가들이 말하는 것처럼 내면에 있는 감정과 정서를 표현하는 것입니다. 손과 발과 몸 전체로 주님을 향한 뜨거운 마음을 표현하는 것이 춤 기도입니다. 인간의 영과 혼과 육이 서로 연결되어 있기 때문에 넘치는 우리의 내면과 감정을 춤으로 표현할 수 있듯이 반

---

12) http://woolee.tripod.com/poem2/mary40.htm

대로 육체를 움직임으로 마음도 움직이게 할 수 있고 내면의 문이 열릴 수도 있습니다.

저는 10여명의 청년들과 집단상담(Group Counseling)을 하면서 놀이치료(play therapy)의 일종인 '뜯어내기'를 한 적이 있습니다. 그것은 놀이를 통하여 마음의 문을 열고 내면의 상태를 파악하여 치료할 수 있는 것입니다. 그 중에서도 '뜯어내기'란 참여자들이 두 팀으로 나누어져서 한 팀이 서로가 최대한 꽉 붙잡고 있으면 다른 팀이 와서 한명씩 완전히 그룹에서 분리시키는 게임입니다.

저는 참여자들 중에 한 자매는 처음부터 말도 잘 못하고 계속해서 고개를 숙이고 있어서 상당히 내성적이라 적극적인 참여를 못할 것이라고 생각했습니다. 그래서 상대편이 뜯어낼 때 제일 먼저 쉽게 뜯길 것이라고 생각했습니다.

그러나 그 자매는 상대편에서 남자들이 뜯어내는데도 끝까지 자기편 한 형제의 허리를 껴안고 버티는 것이었습니다. 그 형제를 그 자매는 처음 집단상담에서 만났고 그 때가 여름이라서 옷도 얇게 입고 있었습니다. 그런데 얼마나 그 형제의 허리를 꽉 껴안았는지 그 형제가 숨을 잘 쉬지 못하고 "제발 이제 좀 놔요"라고 부탁해도 끝까지 그 형제를 껴안고 뒹구는 것이었습니다.

그 자매는 참여자들이 느낌(feedback)에 대해 이야기 할 때 어떻게 해서 끝까지 버틸 수 있었는지를 말했습니다.

"저도 모르겠어요. 저는 어릴 때부터 소외감을 많이 느끼며 자랐어요. 저의 언니는 모든 것에서 저보다 뛰어나서 언제나 부모님의 칭찬을 독차지 했어요. 반대로 저는 제가 언제나 미련하고 못생기고 아무것도 할 줄 모르는 애라고 생각하며 자라니깐 친구들과도 좀처럼 어울리지 못하고 왕따를 당하는 편이었어요. 저의 팀의 사람들이 한 사람씩 뜯겨나가는 것을 보고 저도 뜯길 것을 생각하니 너무나 싫었어요. 그래서 절대 뜯기면 안 된다는 생각에 끝까지 붙잡을 수가 있었던 것 같아요."

그 자매는 몸이 서로 부딪히고 꼭 붙잡는 동작을 통하여 내면의 욕구와 정서가 분출되었던 것입니다. 그 자매는 놀이치료 이후에 드디어 자신을 개방하기 시작했고 아주 깊숙한 내면의 것을 쏟아냈습니다. 집단상담 이후에 그 자매는 매우 밝고 명랑해졌으며 상대방의 눈을 마주 보며 이야기 할 수 있게 되었습니다.

춤을 통해 우리 몸을 움직일 때 내면의 벽이 무너지고 마치 댐이 붕괴된 것처럼 억눌려 있던 마음이 해방될 수 있습니다. 안나 할프린 이에 대해 다음과 같이 말했습니다.

"사람들을 가르치면서 확실해지는 한 가지 사실이 있다. 즉 동작을 통한 경험은 느낌과 결합하여, 오랫동안 묻힌 채 알려지지 않았던 감정과 이미지를 불러일으킨다. 그리고 이러한 감정과 이미지가 동작을 통해 표현됨에 따라 우리는 춤을 추게 된다. 이 춤이 우리의 삶과 결부될 때, 비로소 극적인 행방이 가능해지고 생존하고 싶은 의지에 변화가 온다."[13]

춤의 이러한 요인 때문에 춤을 통하여 사람을 치유할 수 있습니다. 과거에는 무당이 추는 춤도 이러한 역할을 했던 것입니다. 현대 서양에서도 춤을 통한 치유를 행하고 있습니다. 미국에서는 1960년대부터 '미국 춤 치료 협회'(The American Dance Therapy Association)가 설립되어서 춤과 동작을 통해 심리 치료를 하고 있습니다.

한국교회 찬양율동이란 새 영역을 개척하는데 선구자적인 역할을 하며 의욕적인 활동을 하고 있는 이애라 목사님은 자신의 저서 <춤바람 난 목사라구요?>에서 우울증을 비롯해서 갖가지 내면적인 질병과 육체의 질병들이 찬양율동을 통하여 치료받았다고 간증하였습니다.

"찬양율동은 온 몸으로 드리는 기도입니다. 기쁠 때나 슬플 때 찬양율동으로 하나님께 아뢰면 하나님께서 모든 소원을 들어 주시고 응답하십니다"[14]라고 하는 이애라 목사님은 "아름다운 춤과 율동을 통해 주님을 영화롭게 하자"는 슬로건을 걸고 앞으로 한국교회와 전 세계를 향해 문화선교의 선두주자가 되기를 원하고 있습니다.

---

13) op. cit., p. 17.
14) 이애라, <춤바람 난 목사라구요?>(서울: 선미디어, 2002), p. 193.

저는 일본에서 단기 찬양 전도 사역을 할 때 길거리에서나 일본인 교회에서 음악을 틀어놓고 복음을 전하는 무언극을 했습니다. 무언극에는 춤을 포함해서 여러 가지 동작들이 있었습니다. 그 중에는 하나님께서 예수님과 함께 천지를 창조하신 후에 인간들이 타락을 하자 하늘에서 지켜보시다가 그 아들 예수님을 세상으로 보내는 장면이 있습니다.

저는 그 장면에서 예수님이 세상으로 가기 전에 아버지 하나님과 포옹을 하는 동작을 하게 했습니다. 저는 주로 하나님의 역할을 했는데 예수님을 껴안을 때마다 하나님의 마음이 느껴져서 얼마나 마음이 뭉클했는지 모릅니다. 이러한 동작과 춤을 보는 많은 사람들도 감동을 받아서 그 중에는 구원을 받은 사람들이 있었습니다.

루마니아가 공산화 되면서 신앙 때문에 감옥에서 14년을 보낸 리차드 범브란트(Richard Wurmbrand) 목사님은 가장 비참한 환경과 상황 속에서 가족에 대한 그리움, 배고픔, 잔인한 고문 그리고 거의 미치게 되는 독방에 갇혀 있으면서도 주님과 기쁨의 교제를 할 수 있었다고 간증하셨습니다.

"공산주의자들은 행복은 물질적 만족에서 온다고 믿는다. 그러나 춥고, 배고프고, 누더기를 걸친 채 독방에 갇힌 나는 매일 밤 기쁨의 춤을 추었다. 소년 시절에 회교도들이 춤추는 것을 본 기억에서 이 생각이 났던 것이다. 나는 이 회교 승려들의 환희와 진지한 아름다움과 그들이 '알라'라고 신의 이름을 부르며 빙빙 돌아갈 때의 동작의 우아함에 나도 이해하지 못할 정도로 감동을 받은 적이 있었다. 후에 나는 많은 다른 종파에서도-유태인들, 오순절 교인들, 초기의 그리스도교인들, 다윗이나 미리암 같은 성경에 나오는 인물들, 부활절을 축하하는 세비르 성당의 복사(服事)들은 오늘날도 하나님을 위해서 춤을 춘다는 것을 알았다. 인간이 하나님 가까이 접근했을 때 느끼는 감정을 표현하기에는 말만으로는 부족했다. 때때로 나는 너무 기쁨으로 충만해서 그 기쁨을 표현하지 않으면 내가 터질 것 같은 생각이 들었다… 그 후부터는 춤을 추지 않고 보낸 밤이 거의 없었다… 나는 노래를 지어 조용조용 부르면서 그 음악에 맞추어 춤을 추었다. 간수들도 이 일에 익숙해졌다. 나는 크게 떠들어 침묵을 깨뜨리지 않았고 간수들은 이 지하 감옥에서 별의별 이상한 일들을 보았기 때문에 별로 개의치 않았다. 후에 내가 감옥에서 춤춘 이야기를 들은 친구들은 "무엇 때문에? 무슨 소용이 있었소?"라고 물었다. 그것은 무슨 쓸모가 있어서 한 일은 아니었다. 그것은 다윗의 춤처럼 기쁨의 표시였고, 하나님의 제단 앞에 바치는 거룩한 제사였다."[15]

저는 얼마 전에도 "주님을 사랑합니다"라고 속삭이며 춤 기도를 한 적이 있습니다. 손을 들고 빙빙 돌기도 하면서 원을 그리며 기도했습

---

15) Richard Wurmbrand, In God's Underground<하나님의 지하운동>, 전덕애 역(서울:종로서적 출판사, 1996), pp. 84-85.

니다. 제가 바라는 것은 우리 주님의 임재 가운데서 사랑의 춤을 추는 것입니다. 마치 신랑 신부가 결혼식 피로연에서 멋지고 아름답게 사랑의 춤을 추듯이 저는 주님과 춤을 추고 싶습니다. 저는 주님의 사랑에 이끌리고 주님은 저의 사랑에 이끌려서 기쁨의 춤을 추고 싶습니다.

"주께서 나의 슬픔을 변하여 춤이 되게 하시며 나의 베옷을 벗기고 기쁨으로 띠 띠우셨나이다"*(시 30:11)*.

| 기 | 도 | 제 | 안 |

■ 주님의 기름 부으심에 대하여 알고 있다면 당신은 신령한 춤을 출 수 있습니다. 그러한 경험이 없더라도 당신은 영의 춤을 출 수 있습니다.

조용히 주님을 향해 일어나서 두 손을 넓게 벌리십시오. 온 몸에 긴장을 풀고 눈을 감은 채로 주님께서 당신에게 임하시기를, 주님의 기운이 당신을 움직이시기를 조용히 기도하며 기다리십시오. 믿음을 가지고 조금씩 팔을 움직여 보십시오. 처음에는 몹시 어색하고 자신이 억지로 하는 것같이 느껴질지 모릅니다. 그러나 조금 지나면 저절로 손이 움직이며 팔이, 다리가, 온 몸이 움직이는 것을 느끼게 됩니다. 몸이 이끌리는 대로 팔을 움직이고 다리를 움직이며 허리를 돌리고 몸을 좌우로 회전하십시오. 시간이 흐를수록 당신의 몸은 유연해지며 온 몸이 자연스럽게 주님께 영광과 경배를 드리는 것을 알게 될 것입니다. 시간이 많이 지난 후에 당신이 춤을 멈추었을 때 당신은 기쁨과 만족감이 온 몸에, 마음에, 가득한 것을 느끼게 될 것입니다.[1]

■ 그룹 춤 기도

행동에는 순수하게 표현적인 힘을 넘어 고도의 전염력이 존재합니다. 하품이 가장 분명한 사례입니다. 즉, 누군가 몸을 쭉 펴는 것을 볼 경우, 우리도 몸을 쭉 펴고 싶은 마음이 듭니다. 행동에 내재된 전염력 때문에, 즉 다른 사람의 행동을 본 사람이 자신의 몸을 이용해 같은 행동을 취하게 만드는 영향력이 있습니다.[2]

---

[1] 정원, <주님을 경험하는 100가지 방법>, op. cit., pp. 151-152.
[2] Jamake Highwater, Dance Rituals of Experience<무용과 제의>, 한경자 역(춘천시: 강원대학교 출판부, 2001), p. 24.

이와 같은 원리를 이용해 그룹 춤 기도를 할 수 있습니다. 먼저 3-5명 정도가 원을 그리고 서 있습니다. 찬양 연주 음악을 틀어놓을 수도 있습니다. 그룹 중에 한 사람이 먼저 춤 기도를 하면 주위의 사람들은 그것을 따라서 같이 춤 기도를 하는 것입니다. 이것은 춤 기도를 처음 하는 사람들을 위한 것이 될 수 있습니다. 단순히 리더를 따라함으로써 춤 동작을 만들어낼 필요가 없고 그룹의 모든 참여자가 함께 춤을 추므로 쑥스러움도 사라지게 됩니다. 어느 정도 시간이 지나면 한 명씩 돌아가면서 춤 기도를 먼저 할 수가 있습니다. 다 같이 손을 움직이면서 원을 그리며 기도할 수 있습니다.

마지막에는 각 자가 자유스럽게 춤 기도를 드리고 함께 모여 손을 잡고 기도하고 끝냅니다.

■개인 혹은 그룹이 자리에 가부좌를 하고 앉습니다.

조용히 복식호흡을 합니다. 한 손을 가슴에 얹고 숨 쉬며 가슴이 움직이는 것을 느껴보십시오. 당신의 몸이 성령님께서 흐르는 나무와 같다고 상상해 보세요. 당신의 두 팔은 나무의 가지처럼 벌려서 위 아래로 천천히 호흡에 맞추어 움직여 보세요. 두 손을 양 무릎 위에 놓고 잠시 침묵 가운데 있으십시오.

떼제의 묵상노래 중에 하나인 "주님을 찬미하나이다"를 피아노나 바이올린 등으로 연주합니다. 그 음악에 맞추어서 아래의 그림에 나타나는 데로 춤 기도를 드립니다. 1)에서 3)까지의 동작은 주님께 내 안에 있는 것들을 - 죄, 슬픔, 아픔, 어둠 - 드린다는 표현입니다. 4)에서 5)의 동작은 양 팔을 활짝 벌려서 "내 마음을 엽니다"라는 표현입니다. 6)에서 8)가지의 동작은 "성령님 내게 임하소서"라고 하며 "주님께 경배드립니다"라는 표현입니다. 계속 반복하며 조금씩 동작을 변형해서 기도할 수 있습니다.[3]

---

3) 이 춤 기도는 칼라 드 살라(Carla De Sala)의 "춤 기도"라는 비디오 테이프에서 일부 발취해서 작성한 것입니다. Carla De Sala, Dance Prayer-The Union of Body and Soul through Movement and Meditation, New York: Paulist press, 1993.

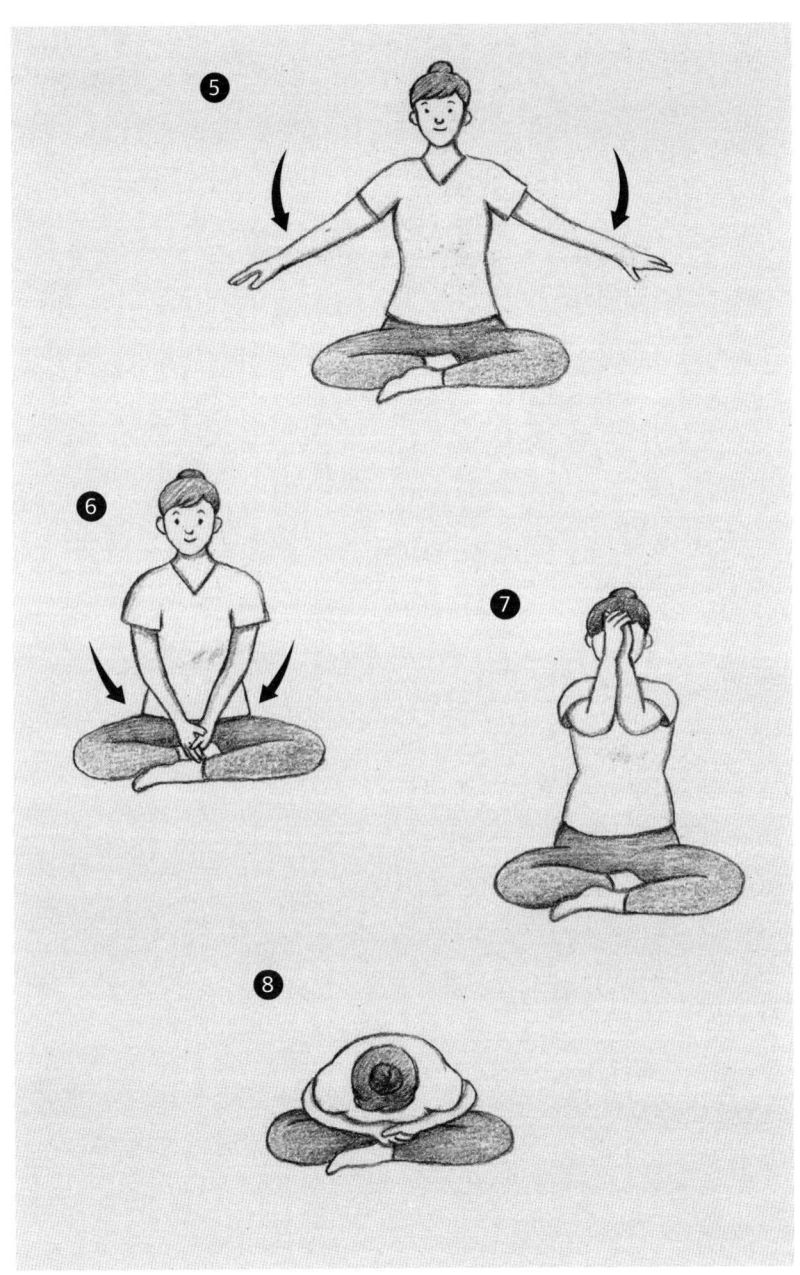

주님의 임재 안에
거하는 기도

chapter 7

치유 기도

Healing Prayer

나의 치료자
나의 주님
저의 상한 몸과 마음을
치유해 주소서.
주님의 존귀하신 보혈로
저의 상처를 씻어주시고
주님의 얼굴빛으로
저의 어둠이 물러가게 하소서.
오직
제 안에 주님의 충만하고 영원한 생명이
흘러 넘쳐나게 하소서.

> 감사함으로 질병을 허락하신 주님의
> 뜻을 받아들이고 그것을 통해
> 말씀하고자 하시는 주님의 음성에
> 순종했다면 이제는 믿음으로 치유를
> 위해 기도해야 하는 것입니다.

지금까지 소개한 기도는 주로 주님과 내밀한 교제를 위한 것이었습니다. 이 장에서 다루는 치유기도는 다소 주님과 직접적이 교제를 위한 것이 아닌 것처럼 보일 수도 있지만, 오늘날 질병의 문제는 육체뿐만이 아니라 수많은 사람의 영혼까지 파괴하는 것이기 때문에 반드시 다루어야 한다고 생각합니다.

물론 지금까지 다룬 기도를 통해서도 우리는 치유를 받을 수가 있습니다. 사람의 영, 혼, 육은 연결되어 있기 때문에 영에 충만한 은혜가 임하면 자연스럽게 몸과 마음도 건강하게 됩니다. 그럼에도 불구하고 치유기도를 세밀하게 배움으로써 우리는 충만한 주님의 치유를 체험하며, 나아가 우리 주위에 있는 수많은 병자들에게 놀라운 치유사역을 할 수 있을 것입니다.

예수님의 삼중 사역*(마 4:23)* 중에 마지막이 치유사역이었습니다. 예수님은 수많은 이적을 행하셨지만 그 중에 80%이상이 치유사역이었습니다. 당시 유대인들이 가진 예수님에 대한 가장 큰 인상은 '기적의 치유자' 즉, 의사였던 것입니다. 그래서 예수님이 가시는 곳마다 모든 앓는 자, 곧 각색 병과 고통에 걸린 자, 귀신들린 자, 간질하는 자, 중풍병자를 데리고 갔던 것입니다*(마 4:24, 8:16, 14:35, 막 1:32, 6:55, 눅 4:40)*.

초대교회에서는 이러한 예수님의 치유사역을 그대로 이어 받아서 많은 병자를 기도로 치유했습니다. 초대교회 성도들은 병이 들면 당연히 교회의 장로를 청해서 기도해야 한다고 생각했던 것입니다*(약 5:14-15)*. 그러나 초대교회 이후로 교회가 영적 실재와 권세를 잃어버리고 지식화, 윤리화 되면서 치유사역이라는 귀한 주님의 은혜를 멀리하게 되었습니다.

16세기의 요한 칼빈*(John Calvin)*도 모든 시대를 걸쳐 주님은 질병을 고쳐주시지만 초대교회 때 사도들이 안수해서 기적적으로 병이 낫는 것은 그 때만 잠깐 주어졌던 것이고 지금은 인간의 배은망덕으로 사라졌다고 하였습니다. 이러한 영향으로 현대의 일부 사람들이 갖가지 질병으로 고통을 당하고 있지만, 치유하시는 주님의 은혜를 체험하지 못하거나 아주 조금만 받고 있을 뿐입니다.

치유기도의 효과는 여러 현대 의사나 학자에 의해서 과학적으로도 증명되었습니다. "암 퍼즐"*(The Cancer Puzzle)*이라는 책에 있는 다음과 같은 기록은 치유기도의 가치를 확실하게 긍정해 줍니다.

"샌프란시스코 종합병원에 있는 심장병 학자인 랜돌프 버드(Randolph Byrd)의 유명한 실험이 있었습니다. 심방발작이나 심한 가슴통증으로 인해 관상 동맥 치료를 받기 위해 병원에 입원한 환자 393명 중 약 반 정도를 위해 기도를 해 주러 미국 각지에서 사람들이 왔습니다. 이 통제 및 실험 집단 연구에서 환자들이나 의사들은 아무도 누가 기도를 받고 있는지, 누가 기도를 받고 있지 않은지 몰랐습니다. 실험결과, 기도를 받고 있었던 사람들이 실험 통계 수치에서 치료효과가 7, 8점 더 높게 나타났고, 사망자도 거의 없었습니다. 그리고 환자들은 강한 약물 치료를 덜 필요로 했고, 아무도 기계 호흡 보조기가 필요치 않았습니다. 이 연구는 하나의 새로운 치료나 외과 처방처럼 기도가 임상적으로 어떻게 검증될 수 있는지를 연구한 사례인 것입니다."[1]

우리는 이러한 임상실험을 몰라도 믿음으로 치유기도를 통하여 먼저 자신의 질병에서 치유를 받아야 합니다. 그리고 나아가서 다른 사람들을 위한 치유사역을 해야 됩니다. 그것은 주님께서 우리를 세상에 보내시며 내린 명령이며(눅 9:1-6) 믿는 자에게 따르는 당연한 증거

---

1) 안나 할프린, op. cit., p. 152.

이기 때문입니다 *(막 16:17-18)*.

치유기도를 다루기 위해서 먼저 병의 종류와 그 원인을 살펴보고 여러 치유기도의 종류에 대해 소개할 것입니다.

1) 병의 종류

"인간은 병자다"라고 할 만큼 병이 없는 사람이 거의 없을 정도입니다. 육체적으로 건강하다고 해도 정신적인 질병에 시달리고 있는 사람들이 너무나 많습니다. 세계보건기구*(WHO)*의 발표를 보면 현대인 대부분이 정신적인 질병을 앓고 있다고 합니다. 더욱이 영적인 질병까지 포함한다면 지구는 거대한 병동*(病棟)*과도 같은 것입니다. 신체적인 병만 아니라 정신적인 병, 영적인 병 등으로 인간은 고통당하고 있습니다.

육체적인 병

현대는 AIDS를 비롯해서 과거에 없던 병까지 계속 생겨나서 그 수를 헤아릴 수 없이 많은 육체의 질병들이 있습니다. 물질문명의 발달로 인간의 삶의 어느 정도 편리해졌는지 모르겠지만 바로 그러한 발전으로 인해 환경이 파괴되었습니다. 파괴된 환경적 요인들에 의해 사람들은 수많은 병을 얻게 되는 것입니다. 과학자들은 사람들에게 발생하는 암의 60-90%가 인간이 만든 환경적 요인들(즉, 식품 첨가제에서 화학 물질의 첨가제까지)에 의하여 생긴다고 합니다.

이러한 질병들을 해결하기 위해서 의학이 발전하고 수많은 약품들이 개발되었습니다. 하지만 <엔트로피>의 저자 제레미 리프킨(Jeremy Rifkin)은 의학과 약물남용으로 인해 더 많은 질병이 생긴다고 주장하였습니다. 그것을 '의료성 질환'(Iatrogenic)이라고 하는데, 그 의미는 '의사, 병원, 약품, 기구 등 환자를 치료하는데 사용한 것 때문에 생긴 병'을 가리킵니다.

의료처치로 용태가 일시적으로 좋아지는 현상도 가끔은 더 무섭고 장기적인 건강 문제를 환자에 안겨주는 일도 있습니다. 진찰을 원하는 환자의 75-80%가 자연 치유될 상태에 있거나, 또는 어떤 의약품을 사용해도 치료될 수 없는 상태에 있습니다. 그렇지만 의사들은 수술을 하고 여러 가지 약들을 처방합니다.

이러한 약이나 수술이 환자에게 원래의 병보다 더 무서운 병을 가져다 줄 수도 있습니다. 예를 들어서 X선 촬영을 많이 하면 사람들이 얻는 가치보다 방사선에 노출됨으로써 입는 피해가 더 많은 것입니다. 또한 약물의 남용은 인간의 생리작용에 미치는 장기간의 바람직하지 못한 영향을 미치게 됩니다.

예를 들어 항생제는 무차별하게 박테리아를 죽이기 때문에, 신체가 적절히 기능하는데 절대적으로 필요한 중요한 신체 기능까지 파괴할 수 있습니다. 질아구창, 내장의 이스트 전염, 비타민 결핍, 그 밖의 다른 여러 증세가 항생제의 지속적인 사용에 기인하는 것입니다. 뿐만 아니라, 약품의 광범위한 사용은 결국 새로운 박테리아를 생기게 합니다. 이 박테리아는 신체의 자연 치유 능력이나 항생제로도 해결할 수 없는 것입니다.[2]

이러한 이유들로 인하여 제레미 프리킨은 "가까운 장래로 보면 인류의 건강문제는 암담하다"라고 하였습니다. 그러므로 우리는 의학을 인정하고 사용할 수는 있지만 절대 신뢰할 수는 없으며 의학 자체가 결코 병을 고치는 것이라고 생각해서는 안 됩니다.

병을 고치시는 분은 오직 주님이십니다(출 15:26). 하나님께서 기도하는 동안에 치유의 광선을 비추어 주사 환자의 병을 순식간에 고칠 수가 있습니다. 주님은 병자가 하나님의 말씀을 듣는 동안에 마음이 뜨거워지면서 치료를 체험하게 하실 수 있습니다. 어떤 사람들은 안수기도를 통하여 치료됩니다. 뿐만 아니라 어떤 사람은 약을 통하여, 의학을 통하여 하나님께서 치료해 주시는 것입니다.

누가복음 5장 17절에 이르기를 "병을 고치는 주의 능력이 예수와 함께 하더라"고 의사인 누가는 분명히 증거하고 있습니다. 그러므로 여러 질병으로 고생하고 신음하는 분들은 모두 주님께 기도드리시기

---

[2] Jeremy Rifkin, Entropy<엔트로피>, 김건, 김명자 역(서울·정음사, 1986), pp. 189-193.

바랍니다. 병으로 인해 자포자기 하지 말고 주님께 간구하시기를 바랍니다. 주님은 결코 우리가 질병으로 고통당하시는 것을 원치 않으십니다. 그래서 사 복음서를 보면 몰려오는 모든 병자를 우리 주님은 다 고쳐 주신 것입니다.

마음의 병

미국의 저명한 의사 핸리 프리스터는 "사람들의 대부분의 병은 마음의 병이다"라고 했습니다. 구조조정으로 실업자 수가 늘어만 가고 청년들은 취직할 때가 없어서 방황하는 한국의 현 상황 속에서는 갖가지의 마음의 병들이 생깁니다. 스트레스가 쌓이고 쌓여서 신경성 위장이 위염이 되고, 편두통, 혈압의 질병 등이 됩니다. 남을 미워하거나 원한을 품음으로서 정신이 눌려서 정신적인 혼동이 옵니다. 경쟁하는 사회, 학교 등에서 자기 한계를 느끼면서 좌절하게 됩니다. 삶의 무의미, 실패감, 열등감, 패배의식 등이 사람의 마음을 병들게 합니다.

대한우울·조울학회가 지난 2003년 10월 서울에 사는 20-60세 주부 1000명을 대상으로 우울증 증상을 조사한 결과 45%가 경증 이상의 우울증에 시달리고 있는 것으로 나타났습니다. 이는 세계보건기구(WHO)가 조사한 세계 평균 여성 우울증 유병률 25%보다 두 배 가까이 높은 수치입니다.

당장 치료가 필요한 중증 이상 우울증은 18.1%로 조사됐었으며, 조사 대상 여성의 12.3%는 자살 충동을 느껴본 적이 있다고 답했습니다. 우울증 등과 관련된 자살자가 통계청 사망원인 순서에서 2017년에 5위를 차지했습니다. 서울 백병원 신경정신과 우종민 교수는 "우울증 환자의 15-20%가 자살을 시도하고, 전체 자살자의 70-80%가 우울증 환자에 해당된다"며 "우울증을 단순히 '마음의 감기'라는 식으로 가볍게 여기지 말고 적극적으로 진단받고 치료받아야 한다"고 하였습니다.[3)]

우울증을 앓고 있는 젊은 주부들이 자녀들을 아파트 베란다에서 내어 던져 죽이고 자기도 자살하는 끔찍한 일들이 보도되기도 합니다. 이렇게 마음의 병은 성품을 나쁘게 하고, 안정감을 빼앗으며, 이유 없는 초조와 불안을 갖게 하고 삶을 파괴하기도 하는 것입니다.

무의식의 병

무의식은 한 사람에게서 그의 조상의 전체가 섞여 있고 개인이 모태에서부터 지금까지의 모든 것이 감추어져 있는 것인데, 이것을 자

---

3) 김철중, "3040 실직 이어 이제는 우울증까지....," <조선일보>, 2003년 11월 12일, p. D1.

기도 의식하지 못하기 때문에 무의식(無意識)이라고 하는 것입니다.

무의식과 의식은 함께 붙어있습니다. 의식은 밖으로 나타난 생각이고 무의식은 속에 숨어있어서 자기도 잘 모르는 것입니다. 무의식은 그 사람의 혈통의 조상이 전체가 함축되어 있고 그 개인이 모태에서 받은 충격부터 현재까지 무의식에 쌓여 있는 모든 것들이 함축되어 있습니다. 마치 바다에 암초가 조금 머리를 내밀고 있는 것과 같습니다. 의식층은 밖으로 조금 나타나 있지만 무의식은 바다 밑에 어마어마하게 큰 태산을 이루고 있는 것입니다.

무의식이 사람의 참 자기의 모습입니다. 이 사회의 나타난 현상은 모두 집단 무의식에서 나오는 것입니다. 사람의 성품과 생활 태도가 모두 무의식에서 솟아오릅니다. 그래서 모태에서나 어릴 때, 혹은 과거에 받은 자극이나 상처가 크면서 본인은 잊어버렸지만 그 상처와 아픔이 그 사람의 무의식에 잠재되어 있어서 여러 가지 비정상적인 성격과 행동을 일으키는 것입니다.

어떤 부인은 정신적으로 발작을 일으키면 불을 지르는 방화벽이 있었습니다. 그녀의 과거를 분석해 보니깐 아버지가 술주정뱅이였는데 술만 마시고 집에 들어오면 그녀의 어머니를 사정없이 두들겨 패는 사람이었습니다. 그래서 어머니는 도망을 가버렸습니다. 그녀가 7살의 어린 나이였을 때 그녀의 아버지는 어느 날 술에 취해 집에 왔습니다. 언제나 때리는 아버지였기 때문에 그녀는 파랗게 질려서 방 안의 한 구석에서 벌벌 떨면서 쪼그리고 있는데 아버지는 혁대를 풀어서 그 어린 딸을 마구 후려갈기려고 휘두르다가 천정에 매달린 램프 등을 떨어뜨렸는데, 그것이 아버지에게 떨어져서 기름과 불 때문에 아버지가 불에 타 죽었다고 합니다.

어린 딸은 그 모습에 놀랐지만 순간적으로 자기가 매를 맞지 않게 된 것이 좋아서 손뼉을 치고 기뻐했다고 합니다. 그런 일이 있은 후에 그녀는 다른 집에서 아무런 탈이 없이 잘 자랐지만 그녀의 무의식 속에 그 상처가 남아있어서 정신적으로 눌리고 불안해지면 불을 질러야 정서적으로 안정을 되찾게 되었던 것입니다. 즉 아버지의 폭행에서 그녀를 지켜준 것은 불이었기 때문에 무의식은 불을 보아야 자기는 안전하다고 여기는 것입니다.

무의식이 지그문트 프로이드(Sigmund Freud)와 많은 학자들이 주장하는 것처럼 정신질환의 원인이라는 말은 아닙니다. 스캇 팩(M. Scott Peck)박사의 말처럼 정신질환은 의식과 무의식의 조화에서 빚어지는 현상입니다.[4] 무의식은 원시적이고 반사회적이며 악마적인 것이 아니라 무한한 잠재력과 지혜를 가지고 있기도 합니다. 그럼에도 불구하고 인간의 육체와 정신질환에 있어서 무의식이 차지하는 부분이 많기 때문에 이 부분을 다루지 않을 수 없는 것입니다.

어느 부인이 갑자기 오른 팔이 마비되었습니다. 병원에서 모든 내과와 신경외과 등의 각종 검사를 해 보았지만 아무런 이상이 발견되

---

[4] M. Scott Peck, The Road Less Travelled(아직도 가야 할 길>, 신승철, 이종만 역(부산:열음사, 2002), p. 362.

지 않았습니다. 그럼에도 불구하고 그녀는 조금도 오른 팔을 쓰지 못하는 것이었습니다. 그래서 그녀는 정신과로 가게 되었습니다. 언제부터 팔이 마비되었냐는 질문에 그녀는 멀리 떨어져 있던 친정어머니가 자기 집에 방문하겠다는 전화를 받고 나서부터인 것 같다는 대답을 하였습니다.

그래서 그녀의 가족사를 살펴보았습니다. 대부분의 정신병은 가족으로 인한 경우가 많기 때문에 언제나 시작은 가족사(家族史)를 아는 것부터 치료가 시작됩니다. 그 부인의 어머니는 계모였습니다. 자라면서 그녀는 계모에게 많은 증오와 분노를 가지게 되었고 오른 팔로 뺨을 때리고 싶은 강한 충동을 느꼈지만 그녀는 그것을 억지로 참았습니다.

그렇게 몇 년이 흘러서 결혼을 하고 자연스럽게 계모와는 떨어져 살게 되었습니다. 하지만 어느 날 계모가 집에 온다는 말을 듣고 다시 계모를 오른 팔로 뺨을 때리지는 않을까 하는 불안에 휩싸이게 되었습니다. 기독교인으로서 그것을 용납할 수는 없었던 것이었습니다. 그래서 그녀는 계모에 대한 근본적인 적대감을 해결하기 보다는 무의식적으로 오른 팔을 마비시킴으로써 뺨을 때리는 일을 미연에 방지했던 것입니다.

이와 같은 것들이 무의식의 병들이라고 할 수 있습니다. 사람마다 지난날의 끔찍한 일이나 불행한 일들이 무의식에 암시가 되고 못이 박혀서 유사시에는 밖으로 자신도 모르게 나타나게 되는 것입니다.

위의 사례에서는 원인이 발견되고 치료가 되었지만 대부분 무의식의 병들은 너무나 깊은 곳에 도사리고 있기 때문에 진단하기도 어렵고 치료하기는 더 더욱 어려운 것입니다.

그러므로 우리의 의식과 무의식을 지으신 주 하나님께 나아가 그분의 밝은 빛으로 치유해 주시기를 간구해야 합니다.

영적인 질병

사람은 육체와 의식과 무의식 그리고 영으로 이루어져 있습니다. 그래서 지금까지 살펴본 것처럼 질병도 육체와 의식과 무의식의 병이 있고 영적인 질병이 있는 것입니다.

영적인 질병이란 불신자에게도 있고 믿는 신자에게도 있는 병입니다. 불신자에게 드는 영적인 병으로 대표되는 것은 접신, 강신, 무당 등과 같이 다른 악한 영들이 그 사람을 사로잡고 있는 상태를 말합니다. 그리고 온갖 죄악의 줄로 묶여 있어서 그것을 끊을 수 없는 상태 속에 있는 것을 의미합니다.

믿는 자들의 영적인 병은 첫째, 하나님과의 영적인 교제가 심각하게 어두워져서 영적 실재를 모르고 생활을 이중적으로 하는 것을 말합니다. 둘째, 이단의 영에 접촉되어 성경말씀과 주님에 대하여 잘못되게 이해하는 것입니다. 셋째, 성경에 있는 대로 악령에 잡히거나 거짓말하는 영, 근심하는 영, 증오하는 영, 혼미케 하는 영, 음란의 영 등의 악한 영들의 영향을 받아 영적으로 병들어서 아무리 의지로 노력해도 계속해서 같은 어두운 행동과 죄를 반복하는 것을 의미합니다.

인간의 영원성과 동일성(identity)은 그의 영(spirit)에 있습니다. 고린도 전서 2장 11절에서 "사람의 사정을 사람의 속에 있는 영 외에는 누가 알리요"라고 했습니다. 영은 그 사람의 가장 깊은 부분으로서 그 사람의 핵심이며 존재의 본질인 것입니다.

그러므로 사람은 자신의 영의 상태에 따라 그의 전 삶이 좌우되는 것입니다. 아무리 명석한 두뇌와 이성적인 판단을 가지고 있어도 소용이 없습니다. 고상한 도덕적 양심과 강력한 의지가 있어도 사람은 영을 따라 살게 되어 있습니다. 우리나라에서도 지성의 전당이라는 대학 안에서 학생은 물론이고 심지어 교수들까지도 사이비 종교 집단에 빠지는 것은 그들의 이성이나 지성과는 상관없이 사이비 이단의 영에 접촉하면 그것에 따라 살 수밖에 없기 때문입니다.

그래서 디모데전서 4장 1절에서 "성령이 밝히 말씀하시기를 후일에 어떤 사람들이 믿음에서 떠나 미혹케 하는 영과 귀신의 가르침을 좇으리라 하셨으니 자기 양심에 화인을 맞아서 외식함으로 거짓말하는 자들이라"고 하였습니다.

이러한 악한 영에 병들게 되면 그 사람이 아무리 노력해도 그로 말미암아 생기는 죄악과 어둠을 벗어날 수가 없습니다. 그래서 거짓말하는 사람은 계속 거짓말하고, 성범죄자는 계속 성범죄에 빠지고, 혈기를 부리는 사람은 아무리 참아도 계속 혈기를 부리게 되는 것입니다. 아내를 폭행하는 자는 잘못했다고 손이 발이 되도록 빌어 놓고는 어느 정도 기간이 지나면 또 폭행하는 것을 반복하게 되는 것입니다. 이러한 영의 상태는 죄와 사망의 법에 얽매여서 삶이 피폐해지고 비참하게 되는 것입니다.

영의 병은 영으로 고쳐야합니다. 로마서 8장 1절에 이르기를 "그러므로 이제 예수 그리스도 안에 있는 자에게는 결코 정죄함이 없나니 이는 그리스도 예수 안에 있는 생명의 성령의 법이 죄와 사망의 법에서 저를 해방하였음이라"고 하였습니다. 고린도후서 3장 17절에서는 "주는 영이시니 주의 영이 계시는 곳에 자유함이 있느니라"고 말씀하셨습니다.

성령님께서 심령에 임하시면 그 어떠한 영적 질병도 치유될 수 있는 것입니다. 죄와 사망의 법에서 해방되어 자유롭게 될 수 있습니다.

2) 성경에서 말하는 질병의 원인

구약에서는 아프거나 고통을 당하면 그것은 죄 때문이라고 믿어졌습니다. 선하고 공의로우신 하나님은 의로운 자에게 고통을 허락하지 않는다고 믿었기 때문입니다. 그러므로 건강하고 부유한 것은 하나님의 은총이고 반대로 가난하고 아픈 것은 죄의 대가라고 보았습니다.

이와 같은 사고방식으로 욥을 위로하러 왔던 세 친구는 욥에게 계속해서 설교했던 것입니다. 그들은 욥이 자기의 고통이 죄의 결과라는 것을 거부하고 계속해서 자신이 의롭다고 하는 것을 참을 수가 없었던 것입니다. 이것은 성서의 죄의 문화 속에서 길게 내려져 왔습니다. 그 예를 요한복음 9장의 나면서부터 소경된 사람의 치유사건에서 볼 수 있습니다. 예수님이 나면서부터 소경된 사람의 곁을 지나실 때 제자들이 질문을 하였습니다.

"랍비여 이 사람이 소경으로 난 것이 뉘 죄로 인함이오니까, 자기오니이까, 그 부모이오니까?" *(요 9:2)*.

예수님의 대답은 이러한 전통적인 질병에 대한 태도를 거부하신다는 것을 보여줍니다.

"이 사람이나 그 부모가 죄를 범한 것이 아니라 그에게서 하나님의 하시는 일을 나타내고자 하심이니라" *(요 9:3)*.

신약은 질병의 원인에 대하여 네 가지 이유를 말해주고 있습니다.

   a. 죄에 대한 징계

b. 마귀에 의한 것

c. 자연적인 이유

d. 하나님의 일

    질병은 사람의 죄로 말미암은 하나님의 징계라고 생각하는 것은 더 이상 보편적인 질병에 대한 설명이 아니라, 여러 원인 중에 하나가 되었습니다.[5] 예수님은 당시 사람들이 하나님과의 관계에 있어서 일반적으로 생각하는 것을 많이 깨뜨리셨습니다(요 9:1-3).

    그렇지만 여전히 죄와 질병의 연결은 유지되어 왔습니다. 질병은 하나님의 창조물인 인간의 타락의 상태로 보았던 것입니다. 신약에서의 건강에 관한 견해는 단지 육체적 건강뿐만 아니라 하나님의 뜻에 따라 사는 종교적이고 윤리적인 삶 전체를 의미합니다.[6]

    이러한 의미에서 보통 회개를 설교하시던 예수님께서 왜 자기에게 데리고 온 중풍병자에게 죄용서 함을 먼저 선포하셨는지를 쉽게 알 수 있습니다(마 9:1-2). 그 중풍병자는 인간의 타락한 상태에서 육체적인 치유가 없이도 근본적인 죄에서 구원을 받은 것이었습니다. 그렇지만 신체적인 병에서의 치유는 인간을 전체적으로 회복시키는 구원의 한 부분이 될 수 있습니다. 그래서 예수님께서는 중풍병자를 그의

---

5) 이러한 개념은 사도행전 12:21-23에 잘 나타나 있다.
6) Peder Borgen, "Miracles of Healing in the New Testament." Studia Theologica. 35 (1981): 98-103.

죄를 용서할 수 있는 권세를 보여 주기 위하여 고쳐주신 것입니다. 이러한 전인적인 구원의 미래적 완성으로써 질병과 죽음으로부터의 자유를 성경은 말하고 있습니다(계 21:4).

유대인과 신약성서에 따르면 인간의 타락의 상태는 인간 자신을 뛰어 넘는 차원이 있습니다. 즉, 인간의 죄의 문제가 아니라, 악한 영의 영향이라는 것입니다. 공관복음서와 사도행전 그리고 바울서신에 따르면 질병은 악한 영들과 직접적으로 연결되어 있습니다.

복음서에는 또한 인간의 폭행이나 기타 자연적인 원인에 의한 질병에 대해서도 말해 주고 있습니다. 그러한 경우는 선한 사마리아인의 이야기에 나옵니다. 얻어맞아서 생긴 상처에 포도주와 기름이 치료약으로 사용되었습니다(눅 10:25-36).

요한복음 9장에 나오는 질병은 하나님의 하시는 일로 여겨졌습니다. 제자들의 부모의 죄냐 자신의 죄냐는 양자택일적인 질문을 예수님은 거부하시고 제 3의 가능성, 즉 하나님의 영광과 예수님께서 가지고 오실 구원을 보여주기 위해 그는 소경이 되었고 고침을 받는 다는 것을 말해주고 있습니다.[7]

위의 네 가지 외에도 신약에서 예수님의 치유사역은 하나님의 나라의 현존을 나타내는 것이었습니다(마 12:28). 그렇게 하여 예수님은 하나님의 구원을 이 세상의 구체적인 인간의 실제 속에서 선포하신

---

7) Ibid., p. 98.

것입니다.

　같은 방식으로 초대교회에서는 예수 그리스도의 복음을 인간의 구체적인 상황 - 몸도 중요한 부분으로 여기는 - 속에서 선포하였습니다. 하나님의 역사는 질병들을 치유하는 구체적인 행위로 나타납니다. 예수님의 죽음이나 바울의 가시는(고후 12:7) 모든 사람의 고통은 사라지지 않지만 때로는 그러한 고통이나 질병들이 하나님의 계획과 뜻을 섬기는 경우가 될 수 있다는 것을 보여 줍니다.

3) 진단-영적 분별

　위에서 여러 질병의 종류와 원인에 대하여 대략적으로 살펴보았습니다만 그 외에도 사회적인 병, 즉 집단의식과 무의식에서 오는 병과 정치적인 병, 그리고 종교적인 병 등, 그 수는 헤아릴 수 없이 많고 복잡합니다.

　의학에서 육체적이든 정신적이든 질병의 원인을 분명히 알면 거의 치유한 것이나 다름이 없습니다. 그러므로 무수한 병의 종류와 그 원인에 대한 정확한 진단이 치유의 첫 단계인 것입니다.

　의학박사인 레지널드 체리(Reginald Cherry)는 자신의 저서, "기도치유"(Healing Prayer)에서 환자를 치유함에 있어서 기도하며 의학적으로 병의 원인을 밝혀내고 구체적으로 환자에게 어떻게 하면 병이 나을 수 있는지를 가르쳐 주고 함께 기도했을 때, 많은 환자가 치유를 받을 수가 있었다고 소개하고 있습니다.

치유기도에 있어서 가장 중요한 것은 병이 왜, 무엇 때문에 생겼는지를 영적으로 분별하는 것입니다. 무조건 고쳐달라고 기도하는 것보다 어떤 기도를 해야 하는지를 알아야 하기 때문입니다. 회개 기도를 해야 할지 아니면 축사(逐邪)를 해야 하는지 혹은 기도와 함께 어떤 행동을 해야 되는 지를 분별해야 하는 것입니다.

사막의 교부 중에 한 사람인 아모운은 미친 개에게 물려 광견병에 걸린 아이의 부모에게 병의 치료는 사회적인 행동을 먼저 해야 한다고 하였습니다.

"당신들은 남 몰래 과부의 황소를 죽였습니다. 그 과부에게 황소를 보상하십시오. 그러면 아들은 건강해질 것입니다."

아모운은 자신이 아이를 위해 기도하기 전에 부모가 반드시 자신들의 잘못을 회개하고 보상해야 한다고 한 것입니다.[8] 이 경우는 아이가 왜 광견병에 걸렸는지를 영적으로 분별함으로써 치유가 온전히 이루어질 수 있었던 것입니다.

이와 같은 분별은 특히 귀신들림과 질병과의 관계에 있어서 매우

---

8) Noman Russel trans, The Lives of the Desert Fathers<사막 교부들의 삶>, 이후정, 엄성옥 역(서울: 은성, 1994), p. 89.

중요합니다. 한국교회의 많은 분들이 병에 걸리거나 조금만 이상한 언행을 하면 쉽게 그 사람은 귀신이 들렸다고 믿어버리고 열심히 축사를 합니다. 육체와 정신의 질병이 악한 영에 의한 것일 수도 있습니다. 그것은 성경에 여러 곳에 나와 있기 때문에 누구도 부인할 수 없는 것입니다. 동시에 성경은 귀신들림과 질병을 구분하기도 합니다.

"그의 소문이 온 수리아에 퍼진지라 사람들이 모든 앓는 자 곧 각색 병과 고통에 걸린 자, 귀신 들린 자, 간질하는 자 중풍병자들을 데려오니 저희를 고치시더라" *(마 4:24).*

위의 말씀에서 분명히 각색 병에 걸린 자와 귀신 들린 자를 구분하고 있습니다. 또한 예수님은 병을 고치실 때 벙어리 되고 귀먹은 귀신을 쫓아내심으로 아이의 병을 고치시기도 했지만 *(마 9:25)*, 대부분은 축사가 없이 병자들을 고치셨습니다. 심지어 주후 1세기에 잘 알려진 의료기술인 침과 진흙을 사용하여서 소경을 고쳐주시기도 하셨습니다 *(요 9:6, 막 7:33).* 그러므로 모든 병을 병마로 보아서는 안 되며 정신병과도 구분을 해야 합니다.

어떤 며느리가 시아버지의 장례를 치르고 집에 와서는 갑자기 시아버지가 쓰던 방에 들어가더니 시아버지 목소리를 내면서 시아버지 흉내를 내는 것이었습니다.

가족들은 모두 시아버지의 귀신이 들렸다고 여기고 무당을 부르고 굿을 하였습니다. 하지만 전혀 아무런 변화가 일어나지 않았습니다. 그래서 여러 방법을 쓰다가 교회에 데리고 갔습니다. 교회의 사람들은 열심히 축사를 했지만 며느리는 계속 시아버지처럼 언행을 하였습니다.

결국은 정신병원에서 치료를 받게 되었는데 정신과 의사는 그녀가 왜 시아버지처럼 행동하는지를 밝혀내었습니다. 며느리는 평소에 홀로 된 시아버지를 모시면서 많은 고생을 하였고 속으로 시아버지가 빨리 죽기를 바라는 마음이 있었습니다. 그러다가 어느 날 시아버지가 정말로 돌아가시자 심한 죄책감에 휩싸이게 되었습니다. 시아버지가 죽기를 바랐기 때문에 마치 자기가 죽인 듯한 죄책감에 견딜 수가 없었습니다.

그녀는 그 고통을 어떻게 하든 벗어나고자 무의식적으로 시아버지의 죽음을 인정하지 않기로 한 것입니다. 그래서 자신이 시아버지의 역할을 함으로써 시아버지가 계속 살아 계시다는 것을 믿고 싶었던 것입니다. 이러한 사실을 의사는 발견하고 그녀가 자신의 행동을 깨닫고 시아버지의 죽음을 인정하게 했을 때 즉시 고침을 받고 더 이상 시아버지 행세를 하지 않게 되었습니다. 그녀는 귀신이 들린 것이 아니라 정신적인 병에 걸렸을 뿐입니다.

흔히 어떤 사람이 자신의 목소리가 아니 제 3의 인격이 말하는 것처럼 보일 때는 무조건 귀신들린 것으로 생각하는 데, 위의 경우처럼 정신병에서도 다중인격의 현상이 나타날 수 있음으로 쉽게 귀신들림으로 진단해서는 안 되는 것입니다.

귀신들림은 영적으로 분별해야 하지만 일반적인 차이점이 있습니다. 귀신들린 사람의 가장 큰 특징은 투시, 예언, 괴력 등 초능력을 가지고 있다는 것입니다. 그래서 마가복음 5장 4절에 나오는 거라사인의 지방에 있던 귀신들린 사람은 쇠사슬을 여러 번 끊고 고랑을 깨뜨릴 수 있었기 때문에 아무도 그 사람을 제어할 수 없었던 것입니다.

두 번째로 귀신들린 사람은 자신이 귀신들린 것을 인정하지 않거나 귀신의 존재를 노출시키려고 하지 않습니다. 하지만 정신병자는 지나칠 정도로 자기 속에 귀신이 들어 있다고 주장합니다.

세 번째로는 귀신들린 사람은 때로 정신이상 증세를 보일지라도 실제적으로나 정신적으로 건강한 상태이지만 정신병자는 반대로 귀신들린 증상들이 보일지라도 실제로 뇌질환 또는 신경이나 정신적으로 질환을 가지고 있습니다.[9] 그래서 귀신들린 사람과는 논리적인 대화가 가능하지만 정신질환을 가지고 있는 사람과는 논리적인 대화를 할 수가 없습니다. 횡설수설하는 경우가 많기 때문입니다. 귀신들림과 정신병의 구분을 잘 해야 하지만 때론 이 둘이 복합적으로 동시에 있을 수도 있습니다. 그러므로 영적으로 잘 분별하여 기도와 상담을 병행할 때 온전한 치유가 이루어질 수 있는 것입니다.

또한 많은 사람들이 자신이 병들었다는 것조차 모르고 아무런 조

---

9) 박행렬, "귀신들림과 정신병의 차이," <빛과 소금>(1999. 2): 38.

치를 취하지 않기 때문에 점점 더 병이 악화되는 경우도 있습니다. 암에 걸린 환자는 말기가 될 때까지 자신의 질병을 인식하지 못하듯이, 사람들은 자신이 어떤 병에 걸렸는지, 얼마큼 진행이 되고 있는지도 모르고 있을 때가 많습니다. 그리고 설령 안다고 해도 어떻게 치유 받아야 할지를 몰라서 아무에게도 말하지 못하는 경우도 있습니다.

제가 아는 자매 중에는 참으로 신실하고 아름다운 분이 있었습니다. 그 자매는 하루 종일 주님과 동행하며 깊고 아름다운 기도와 찬양을 하며 지내는 밝은 자매입니다. 목사인 저보다 더 주님을 사랑하는 자매라고 생각하며 존경을 하고 있습니다. 그런데 어느 날 그 자매를 위해 기도하는 데 주님께서 그 자매에게 향하신 말씀을 들려 주셨습니다. 저는 처음에는 이해가 되지 않아서 내가 잘못 깨달은 것이겠지 하며 그 자매에게 질문을 하였습니다.

"자매님 혹시 자신이 더럽다고 생각하세요?"
"……"
"하나님께서 자매님을 정결케 하셨는데 왜 자꾸 자신이 더럽다고 생각하느냐며 자학하지 말라고 말씀하십니다."

이 말을 들은 그 자매는 갑자기 소리 내며 크게 울기 시작했습니다. 그리고 대답하기를 "저는 주님을 만나기 전에 낙태를 한 번 한 적이 있습니다. 그 때는 주님의 크신 은혜를 체험하기 전이라서 그럴 수도 있었다하며 회개하고 지나갔는데 주님을 만난 후에도 한 번 더 낙태를 한 적이 있습니다. 주님의 큰 은혜와 사랑을 맛보았는데도 어떻게 제가 그럴 수가 있었는지... 아무리 기도를 해도 저 자신이 너무나도 악하고 더러운 죄인이라는 생각을 떨쳐버릴 수가 없었습니다. 그런데 주님께서 저의 아픔을 아시고 이제 저를 자유하게 해 주셨습니다"라고 하였습니다.

그녀는 자신에게 커다란 아픔이 있었지만 그것을 어떻게 치유 받아야 할지를 몰랐던 것입니다. 나름대로 열심히 기도했지만 하나님의 용서를 받아들이기에는 너무나 자신을 용서할 수가 없었던 것입니다. 그리고 그것을 쉽게 다른 사람에게 내어 놓을 수도 없었습니다. 그러한 그녀의 심령의 아픔을 진단하고 주님의 음성을 대언했을 때 치유의 은혜가 임했던 것입니다. 그러므로 기도와 상담을 통하여 영적인 분별을 하고 정확히 진단을 할 수 있다면 우리 주님의 풍성한 치유를 체험할 수 있을 것입니다.

한번은 제가 부흥회가 끝난 후에 성도들을 위해 개인적으로 기도하는 시간을 가진 적이 있습니다. 많은 사람이 교회에서 서 있었기 때문에 한 사람씩 손을 잡고 짧게 기도를 해 나갔습니다. 기도를 받기 원하는 성도들이 많아서 얼굴을 볼 시간도 없이 계속 손을 잡고 기도해 나가던 중에 한 중년 여성의 손을 잡고 기도를 하였습니다. 그런데 그 성도를 위하여 기도를 하면서 나도 모르게 "너는 나의 신부이다. 너는 참으로 아름다운 나의 신부이다. 네 눈도 어여쁘고 네 코도, 입도 참으로 어여쁘구나"라는 기도를 하게 되었습니다.

저는 속으로 '얼마나 어여쁜 여인이기에 이러한 기도가 나오지'라는 생각이 들고 궁금해서 살짝 눈을 뜨고 그분의 얼굴을 보았습니다. 하지만 얼굴은 매우 어둡고 어여쁜 것과는 거리가 먼 얼굴이었습니다. 그런데 계속 기도는 "너는 나의 소중한 신부이다. 네가 너를 얼마나 사랑하는 줄 아느냐?"라는 기도가 제 입에서 흘러나왔습니다. 그 성도는 기도를 듣다가 갑자기 비명을 지르며 쓰러졌습니다. 그리고 계속 비명을 지르면서 바닥에서 몸을 뒹굴었습니다.

저는 계속 기도사역을 하다가 너무나 그 비명소리가 커서 잠시 멈추고 그 성도가 무엇이라고 하나 들어보았습니다. 그 성도는 "제가 약을 먹고 자살을 하려고 했습니다. 주님, 용서해 주세요"라고 하면서 계속 통곡으로 기도를 하고 있었습니다. 그 성도가 구체적으로 왜 자살을 하려고 했는지는 모르겠지만 분명 자기는 살만한 가치가 없다고 생각을 했을 것입니다. 낮은 자존감이 자살의 원인이 되는 경우가 많이 있습니다. 그런데 주님께서 계속 "너는 아름답다. 내 귀한 신부이다. 너를 사랑한다"라는 말씀을 하자 거기서 빛을 보고 그 놀라운 사랑에 회개를 하고 큰 은혜를 체험한 것입니다.

그 성도는 제가 그 지역에서 하는 부흥회에 세 번 정도 참석을 했는데, 부흥회가 끝나고 저에게 와서 "목사님, 저 알아보시겠어요? 저 많이 좋아졌어요"라고 하는데 정말 못 알아볼 뻔 했습니다. 얼굴이 환해지고 정말 어여쁜 사람이 되어 있었기 때문입니다.

4) 다양한 치유기도

다양하고 복잡한 수많은 질병에 대하여 기도하면 낫는다고 말하는 것은 너무 단순하고 신비적인 믿음이라고 여기는 분들도 있을 것입니다. 하지만 앞부분에서도 언급했듯이 오늘날 기도가 질병 치유의 도움이 된다는 것은 임상적인 실험을 통해서도 증명이 되었으며, 많은 의사들도 기도가 치유를 촉진시킨다고 여기고 있습니다. 영국의 한 의학 출판물인 "랜싯"(The Lancet)은 다음과 같이 보도했습니다.

"1996년 10월에 열린 '미국 가정 의사 아카데미'(American Academy of Family Physician)의 모임에서 296명의 의사들을 조사한 결과 99%가 종교적 믿음에 치유 능력이 있다고 확신하고 있었고, 75%가 다른 사람들의 기도가 환자의 회복을 촉진할 수 있다고 믿고 있다."[10]

전염병 학자 제프 래빈(Jeff Levin)은 19세기까지 거슬러 올라가 200편 이상의 의학 논문을 검토한 후에 신앙생활이 건강을 증진시키며 기도가 병을 낫게 하는 역할을 한다는 증거를 많이 찾았다고 말하였습니다.

대부분의 육체의 병은 신경증의 요인과 복잡하게 얽혀 있으며, 환

---

10) E. Bagiella, T. Powell, and R. P. Sloan, "Religion, Spirituality, and Medicine," The Lancet 353, no 9153(20 February 1999), 664. 래지널드 체리, <기도치유>, p. 29.에서 재인용

자와 그 주변 인물, 가족, 간호사, 의사 사이에 성립되는 불가피한 심리학적 복잡성 또한 상당히 많이 있습니다. 이러한 복잡성은 오직 영적인 면에서 해결될 수 있다고 프랜스 패스토렐리 여사는 말하였습니다.[11] 그러므로 기도를 통하여 우리의 영이 강건해지면 몸과 정신도 치유를 받고 건강해질 수 있는 것입니다.

아래의 치유기도 중에 하나를 통하여 치유의 은혜를 체험할 수 있고 여러 기도를 복합적으로 사용할 수도 있습니다. 단 한 번의 기도로 치유되는 경우도 있지만 오랜 시간 동안 규칙적인 기도를 통하여 치유가 이루어지기도 합니다. 성령님의 인도하심을 따라 기도하면 우리 주님의 놀라운 치유의 은혜와 사랑을 체험할 수 있을 것입니다.

감사의 기도

대개의 사람들은 중병에 걸리면 처음에는 자신이 그런 병에 걸린 것을 잘 받아들이지 못합니다. 얼마 살지 못할 것이라는 의사의 진단을 믿지 않습니다. 저의 큰 외삼촌은 체격이 건장하고 평생 별 큰 병 없이 잘 지내 오다가 기침이 계속 멈추지를 않아서 큰 병원에 가서 진단을 받았더니 폐암말기라는 의사의 통보를 받았습니다. 외삼촌의

---

11) Paul Tournier, The Healing of Persons<인간 치유>, 권달천 역(서울:생명의 말씀사, 2002), p. 29.

처음 반응은 웃음이었습니다.

"의사가 착각을 해도 보통 하는 것이 아니 구만 내가 무슨 폐암 말기라는 거야?"

하지만 석 달 후 외삼촌을 소천 하셨습니다. 처음에는 잘 받아들이지 못하다가 두 번째 단계로 가면 원망과 분노를 발하는 사람들도 있습니다. "내가 왜 이런 병에 걸려야 합니까?"라고 울부짖습니다. 제가 아는 권사님은 열심히 봉사를 하시고 새벽기도회도 빠지지 않고 늘 기도하며 신실하게 신앙생활을 하던 분이셨습니다. 그런데 어느 날 남편이 암 말기라는 의사의 진단을 받고 권사님은 기도도 하지 않고 원망하는 마음으로 가득 차게 되었습니다.

"하나님, 제가 평생을 주님을 섬기고 날마다 가족을 위해 기도했는데, 왜 제 남편이 그런 병에 걸리게 하셨습니까?"라고 하며 하나님에 대한 원망으로 기도하기가 싫어졌습니다.

이와 같은 마음이 드는 것은 우리 연약한 인간의 일상적인 현상일 것입니다. 하지만 계속 그런 원망과 분노 속에 있다면 치유는 일어나지 않습니다. 우리는 알 수 없지만 내게 그런 병이 생기게 된 것도 하나님의 허락하심을 믿고 인정하고 받아들여야 합니다. 그리고 질병을 통하여 내게 선을 베푸시고 큰 은혜를 주실 하나님께 감사하고 찬양해야 하는 것입니다.

"마음의 즐거움은 양약이라도 심령의 근심은 뼈로 마르게 하느니라"(잠 17:22)고 성경은 말하고 있습니다. 마음의 근심, 걱정, 분노는 그 사람의 뼈를 마르게 하지만 주님을 믿고 신뢰하고 그분을 즐거워하며 감사하면 그것이 양약(良藥;good medicine)이 되어 우리의 질병을 치유해 주는 것입니다.

병 자체는 나쁜 것이지만 주님은 병을 통하여 많은 은혜를 주십니다. 우리 주위에서 병에 걸려서 회개하고 하나님을 만나게 되는 계기가 되어서 그 사람의 삶이 변화된 예를 많이 볼 수 있습니다. 죽을 병에 걸려서 사람이 되는 경우가 있습니다. 그러므로 병을 통하여 회개하고 주님을 만나거나 거친 자아가 깨어졌다면 그것은 하나님의 은혜입니다.

죠지 폭스(George Fox)는 "악마도 병들면 천사로 변할 수 있다"고 하였습니다.

앤드류 머리(Andrew Murry)는 "병원의 침상은 하나님의 은혜와 진리를 배우는 그리스도인의 최고의 학교"라고 하였습니다.

저의 큰 외삼촌은 평생 교회를 가지 않았던 분이셨습니다. 저의 외할머니께서 그렇게 기도하셨건만 복음을 받아들이지 않으셨습니다. 외삼촌은 물려받은 재산이 너무 많아서 평생 거의 직업을 가져 본적도 없지만 건물 임대 등을 통해 아무런 경제적인 어려움 없이 지내 온 분이셨습니다. 그런 외삼촌이 폐암 말기라는 진단을 받고 결국 복음을 받아들이셨습니다. 돌아가시기 전에 "내가 이 좋은 예수를 왜 진작 믿지 않았을까!"라고 후회하시면서 아내와 자식들에게 예수를 잘 믿고 신앙생활을 하라는 유언을 하시고 소천 하셨습니다.

주님은 폐암을 통하여 저의 외삼촌에게 영생이라는 선물을 주셨던 것입니다. 남편이 말기 암이라는 통보를 받고 기도를 쉬고 원망하던 권사님도 결국 하나님의 선한 뜻이 있음을 믿고 감사하며 기도했을 때, 남편은 기적적으로 치유가 되었습니다. 더욱이 그 남편은 형식적인 신앙이었는데 하나님의 치유를 통하여 신령한 믿음을 바뀌게 되었습니다.

원망과 근심을 버리고 하나님께 감사의 기도를 드릴 때 우리 마음이 평안해지며 밝아지고 주님의 치유의 은혜를 체험할 수 있는 것입니다. 매튜 린, 쉐일러 패브리칸트 린, 데니스 린은 "단순한 치유기도"라는 책에서 과거에 감사한 일이나 사랑을 회상하는 것이 신체의 건강뿐만 아니라 깨어졌던 인간관계도 회복시켜주고 온 세상을 밝게 해준다고 말하면서 한 사례를 소개하였습니다.

"우리 친구인 조와 에일린은 한때 파경 위기를 맞았었다. 그들은 도통 서로에게 말도 한마디 건네지 않고 결혼 생활을 해오고 있었다. 그러던 어느 날, 에일린이 병원에서 검사를 받은 후에 암이란 진단을 받고 돌아왔다. 그녀는 흐느끼면서 조에게 그 사실을 털어놓고는 이렇게 고백했다. '돌아보면 당신은 나를 참 많이 사랑해 주었어요. 만약 내가 죽으면 꼭 재혼을 해서 내게 못 다한 사랑을 그 여자에게 쏟아주세요.' 이어서 그녀는 결혼 생활 동안 남편 조에게 사랑을 받았던 수많은 기억과 순간순간 고마웠던 긍정적인 일들을 하나씩 끄집어내며 말을 이어갔다. 조 역시도 아내 에일린에게 고마웠던 일들을 고백했다. 지난 세월 동안 그들이 서로를 얼마나 사랑했는지를 떠올렸을 때 그들 사이의 유대감이 완전히 회복되었다. 앞으로 함께할 수 있는 시간이 얼마나 남았을지는 모르지만 살아 있는 시간 동안 오로지 서로만을 사랑하기로 약속했다. 얼마 지나서 에일린은 몇 차례 더 검사를 받았는데, 검사 결과는 도저히 믿을 수 없는 일이 일어났다는 것을 알았다. 생명을 위협하던 그 많던 암세포가 씻은 듯이 사라져 버린 것이다."[12]

앞에서도 여러 번 다루었지만 마음의 상처와 충격으로 인한 고통이 병을 일으키고 암세포로 발전해 가는 것입니다. 그러므로 마음에 원망과 분노가 있으면 병에 더 걸리면 걸렸지 결코 온전한 치유를 받을 수가 없는 것입니다. 인간이 분노할 때의 입김을 실험용 쥐에게 마시게 했더니 즉사했다는 보고를 읽은 적이 있습니다. 불평과 혈기는 독이 되어서 우리의 영혼과 몸을 상하게 하는 것입니다. 그러므로 겸손히 낮아져서 감사하고 주님의 은혜를 기뻐한다면 그것이 양약이 되어서 우리의 몸과 마음을 치유해 줄 수 있는 것입니다.

---

12) Matthew Linn, Sheilla Fabricant Linn and Dennis Linn, Simple Ways to Pray for Healing<단순한 치유기도>, 오찬규 역(서울:나침반사, 2003), pp. 18-19.

감사란 하나님의 주권을 인정하고 그 앞에 낮아져서 주님의 뜻이 이루어지기를 기다리는 것입니다. 하나님은 우리가 원하는 데로 항상 건강하고 평안하게 만사가 형통하게 하지 않으십니다. 신실한 믿음을 가지고 있어도 똑같이 때로는 질병과 환란이 임합니다. 어떤 사람들은 자신에게 닥친 불행을 원망과 분노로 대하다가 아예 멸망해 버리지만 믿음의 사람은 감사로 모든 질병과 환란을 이겨내는 것입니다.

젊은 부부가 귀한 아들을 얻어서 너무나도 사랑하였는데 그만 그 아이가 원인을 알 수 없는 병에 걸려 시름시름 죽어가고 있었습니다. 그 부부는 그 아이를 살리려고 온갖 방법을 다 썼습니다. 병원에서 치유가 안 되자 무당을 불러 굿을 해 보았지만 아무 소용이 없었습니다. 마지막으로 교회에 나와서 열심히 기도를 하였습니다. 교회의 모든 예배에 참석하면서 열심히 아들의 치유를 위해 기도했고 온 교회도 그 아이를 위해 기도했습니다.

그러나 아이는 별로 나아지지 않고 계속 상태가 악화되었습니다. 6개월 정도가 지난 후에 그 교회의 목사님은 아이의 부모에게 이제 진실한 신앙을 심어줄 때가 되었다고 생각하시고 그 집으로 심방을 가서 이렇게 말씀을 전했습니다.

"이 아이는 부모님이 믿음을 가지게 하려고 하나님께서 보낸 천사입니다. 그런데 두 분이 신앙을 가지고 열심히 교회에 나오시기 때문에 아이의 사명을 다 한 것입니다. 그래서 하나님께서 이 아이를 천국으로 데려가실 것입니다. 그래도 하나님을 믿고 섬기겠습니까?"

이러한 질문에 아이의 아버지는 "괴롭지만 그것이 하나님의 뜻이라면 받아 들여야지요" 라고 대답했습니다. 그러나 아이의 어머니는 강하게 반발했습니다.

"목사님, 그게 무슨 말씀입니까? 절대 안 됩니다. 만약 하나님이 이 아이를 데려가시면 저는 하나님 안 믿습니다. 그러니깐 수단과 방법을 가리지 말고 무조건 이 아이를 살려주세요."

어머니의 사랑이 아이를 쉽게 포기할 수가 없었을 것입니다. 목사님은 여러 번 권고를 하였습니다.

"자매님 그것은 신앙이 아닙니다. 믿음이란 내게 어떤 일이 벌어져도 주님의 뜻이라면 받아들이겠다는 것입니다. 자매님의 마음은 이해가 가지만 '하나님의 뜻이라면 이 아이를 데려가셔도 좋습니다'라고 해야 진정한 신앙이 되는 것입니다."

"제가 만약 그렇게 고백을 했다가 정말 하나님이 데려가시면 어떻게 해요?"

"정말 데리고 가십니다. 그래도 고백을 하셔야 진정한 믿음이 됩니다."

아이의 어머니는 힘들어했지만 결국 울면서 "하나님의 뜻이라면 주님! 이 아이를 데려가십시오"라고 했습니다. 결국 어머니도 하나님의 주권을 인정하고 그 앞에 무릎을 꿇은 것입니다. 그러자 곧 그 아이는 급속히 상태가 좋아져서 건강을 회복하였습니다.

그렇게 열심히 온 교회가 기도할 때는 아이가 전혀 아무런 차도를 보이지 않다가 그 부모가 아이를 향한 주님의 뜻에 자신을 굴복하고 아이를 하나님께 드렸을 때 아이에게 치유의 은혜가 임한 것입니다.

우리의 치유뿐만 아니라 성도의 삶의 승리는 모든 부분에서 하나님의 주권을 인정하고 그분 앞에 엎드려 경배하고 감사할 때 주어지는 것입니다.

믿음의 기도

병에 대한 감사의 기도를 해야 한다고 해서 결코 자신의 병을 그대로 내버려 두고 포기해서는 안 됩니다. 몇 번의 기도를 통해 병이 낫지 않는다고 해서 '내가 병들고 고통 받는 것이 하나님의 뜻인가 보다 그러면 그냥 감사하고 잘 견디어야지'라는 생각을 해서는 안 됩니다. 하나님은 병은 통하여 그분의 선하신 뜻을 이루실 수는 있지만 병 자체를 기뻐하시고 우리가 고통 받기를 원하시는 분이 절대 아니십니다.

"주께서 인생으로 고생하며 근심하게 하심이 본심이 아니시로다" *(애 3:33)*. "나 여호와가 이르노라 너희를 향한 나의 생각은 내가 아나니 재앙이 아니라 곧 평안이요 너희 장래에 소망을 주려하는 생각이라" *(예 29:11)* 고 주님은 말씀하셨습니다.

예수님은 38년 된 병자를 만나셔서 "네가 낫고자 하느냐?" *(요 5:6)* 라고 물으셨습니다. 그 환자는 38년이나 병들어 있으면서도 포기할 만도 하는데 환경 탓을 해서 그렇지 여전히 간절히 낫기를 바라고 있다고 대답하였습니다. 그러자 예수님은 그 병자를 순식간에 고쳐주셨습니다.

우리는 결코 자신의 병을 사도 바울의 가시쯤으로 여겨서 낫기를 포기해서는 안 되는 것입니다. 감사함으로 질병을 허락하신 주님의 뜻을 받아들이고 그것을 통해 말씀하고자 하시는 주님의 음성에 순종했다면 이제는 믿음으로 치유를 위해 기도해야 하는 것입니다.

"믿음의 기도는 병든 자를 구원하리니 주께서 저를 일으키시리라" *(약 5:15)* 고 성경은 약속하고 있습니다. 믿음으로 기도할 때 하나님의 크신 능력으로 우리를 온전케 하시고 치료해 주실 것입니다.

믿음의 기도란 주님의 치료의 광선이 우리에게 비춰고 우리의 생명을 풍성하게 해 달라는 단순한 간구입니다. 치료를 간구할 때 우리는 "구하라 그러면 너희에게 주실 것이요" *(마 7:7)* 라는 말씀을 기억해야 합니다. 우리 아버지 하나님은 자녀의 간구에 좋은 것으로 채워 주시기를 간절히 원하고 계십니다.

기도시간마다 하나님께 치료를 간구할 필요는 없습니다. 우리는 하나님께서 우리의 기도를 들으셨음을 믿어야 합니다. 확신 가운데 우리의 치료가 이미 이루어 졌음을 믿고 선포하며 감사 드려야 합니다. 치료의 놀라운 선물을 믿음으로 받고 그것이 현실적으로 이루어지기를 바라보아야 합니다.[13]

저에게도 만성적인 질병이 하나 있었습니다. 병원에 갔을 때 의사는 병이 많이 진전되었기 때문에 수술을 해야 될 지도 모른다고 했습니다. 하지만 수술을 한다고 해도 완치되는 것은 아니고 다시 재발될 수도 있다고 하였습니다. 저는 당시에 처음으로 은혜 받고 믿음 생활을 시작하였던 때였지만 어디서 그런 믿음이 생겼는지 의사에게 "저는 기도하면 하나님께서 고쳐주실 줄을 믿습니다"라고 하자 의사는 약간 비웃듯이 웃었습니다. 자존심이 약간 상한 저는 병원을 그만 다니고 열심히 성경의 말씀을 외우면서 기도했습니다.

"그가 채찍에 맞음으로 우리가 나음을 입었도다" *(사 53:5)*.
"우리 연약한 것을 친히 담당하시고 병을 짊어지셨도다" *(마 8:17)*.

---

13) Jim Glennon. Your Healing is Within You(Plainfield, DJ: Logos,1980), pp. 36-54.

두 말씀 다 "주님께서 병을 고쳐주실 것이다"라는 미래시제가 아니라 이미 고쳐주셨다는 과거형으로 되어 있습니다. 그래서 저는 "주님께서 저의 기도를 들으시고 이미 치유해 주셨음을 믿습니다"라고 계속 선포하고 기도했을 때 저의 만성적 질환은 치유되고 다시는 재발하지 않았습니다. 그 때는 참 어린 신자로서 단순하게 생각하고 믿었는데 우리 주님께서 은혜를 입혀 주신 것 같습니다.

그런데 우리는 믿음의 기도에서 상당히 난처한 경우를 당할 수도 있습니다. 믿음으로 치유기도를 했을 때 실제로 아무런 역사도 일어나지 않으면 우리는 믿음을 잃을까봐 두려워합니다. 치유기도를 할 때 우리는 난처한 자문(自問)을 할 때가 있습니다. "우리가 기도했는데 그 환자가 고침을 받지 못하면?" 이것을 리차드 포스터는 '당황스러운 질문'이라고 했습니다.[14] 때로는 고침을 받지 못하는 것이 믿음을 흔들리게 하고 떨어뜨리는 비극적인 상황으로 될 때가 있습니다. 그러면 왜 어떤 이들은 고침을 받지 못하는 것일까요? 라차드 포스터는 솔직히 잘 모르겠다고 하였습니다.

아무리 믿음으로 치유기도를 하거나 받았다고 해서 모든 사람이 즉각적으로 완전히 고침을 받는 것은 아닙니다. 그러나 예수님은 사람들의 모든 병과 모든 약한 것을 고치셨다고 하셨습니다(마 4:23). 그렇다면 이 당황스러운 이 질문의 답은 무엇일까요? 그것은 환자의 믿

---

14) op. cit. p. 206.

음이 부족해서일까요?

하지만 예수님께서는 신약성경에서 환자가 믿음이 부족하다는 이유로 치유를 거부하신 적이 한 번도 없었습니다. 귀신들린 아이를 예수님께 고쳐 달라고 데리고 온 아버지의 믿음은 부족하였지만 예수님은 그 아이를 고쳐주셨습니다 (막 9:14-27).

베데스다 연못가에서 38년 된 병자를 예수님은 고쳐 주셨는데 그는 믿음은 고사하고 예수님이 누군지도 몰랐습니다 (요 5:1-15). 치유는 환자의 믿음이나 거룩함에 전적으로 달려 있는 것이 아닙니다.[15]

우리가 믿음으로 치유기도를 할 때 하나님은 모든 종류의 질병들을 고쳐 주십니다. 그러나 대개 환자가 즉각적으로 완치가 되기를 바라지만 치유되는 시간과 방법은 오직 하나님께 속해 있는 것입니다. 하나님께서 어떤 사람은 기적적으로 순간에 치료하십니다. 그러나 하나님은 환자를 천천히 고치시기도 합니다.

하나님은 질병을 환자의 평생에 그 몸에 가시로 두시고 그가 죽을 때 그 가시를 옮기실 수도 있습니다. 하나님은 약을 통하여 고치실 수도 있습니다. 그것은 시간이 짧게 혹은 길게 걸릴 수도 있습니다. 어떤 사람은 수술을 통하여 고치실 수 있고 어떤 사람은 재산을 모두 치료하는데 쓰게 하신 후에 고치시기도 합니다. 하나님은 환자가 죽게 함으로 고치실 수도 있습니다. 죽음은 환자로부터 육체의 고통에

---

15) Walter J. Hollenweger. "Healing through Prayer: Superstition or Forgotten Christian Tradition." Theology 92 (1989): 166-174.

서 해방시켜 주기 때문입니다.

어떤 사람이 수술을 통하여, 식이요법을 통하여, 기적에 의하여 혹은 이 세 가지 모두를 통하여 치료를 받았든 간에, 그 모든 치료는 하나님께로부터 나온 것입니다. 결코 모든 치료는 자연적인 것이 아닙니다.

우리는 질병에서의 치유를 하나님께 간구할 수 있습니다. 하지만 우리가 원하는 데로 그 방법과 시간까지 구할 수는 없습니다. 내가 기도했을 때 반드시 기적적으로 순간에 낫기를 바라는 것은 나의 영광을 위할 수 있습니다. 병이 낫는 것만을 목적으로 삼고 기도해야 합니다.

주님은 우리에게 신유의 능력을 주셨습니다. "믿는 자들에게는 이런 표적이 따르리니... 병든 사람에게 손을 얹은즉 나으리라"(막 16:17,18). 그러므로 우리는 하나님께서 그의 사랑으로 모든 질병을 앓고 있는 자를 고치신다는 확신을 가지고 기도를 할 수 있습니다.

치유를 위해 기도할 때 하나님께서 반드시 응답하신다는 확신을 가지고 믿음으로 자신의 병을 위해, 그리고 병든 많은 사람들을 위해 간절히 기도할 때 우리 주님의 놀라운 치유의 은총을 체험하게 될 것입니다.

상상 기도

상상기도에 대해서는 앞에서 이미 자세하게 다루었습니다. 질병에 대하여 상상을 통하여 기도하면 놀라운 주님의 치유의 능력을 체험할 수가 있습니다. 창조적인 상상을 통하여 환자 자신이 또는 다른 사람이 완치되고 건강하게 된 것을 마음속에 영상으로 생생하게 그리며 기도할 수 있습니다. 샌포드(Sanford)는 환자를 위한 상상기도를 다음과 같이 설명하였습니다.

"당신의 마음속에 건강하게 된 자신의 몸을 그리라. 당신의 몸 가운데 고침을 받아야 할 특정 부위들을 생각하라. 그 부분이 완치가 되고 하나님의 빛으로 빛나고 있는 모습을 마음의 눈으로 보라. 그리고 이것이 이루어지고 있음을 감사드리라."[16]

이미지와 상상을 통하여 환자를 치료하는 것은 일반 의학에서 이미 사용하고 있는 기법 중에 하나입니다. 안나 할프킨은 다음과 같은 일화를 소개하였습니다.

"내가 아는 사람 중에 심각한 자동차 사고를 당한 남자가 있었다.

---

16) Jim Glennon. op. cit., p. 114.

그는 목까지 붕대를 감은 채 몇 달 동안이나 병원에 입원해 있었다. 치유사가 매일 그를 방문해서 '이미지 감각 훈련'(imaginary kinesthetic activities)을 지도했다. 예를 들면, 혼자 해변가를 걷고 있다거나 자전거를 타는 등의 이미지 훈련이었다. 상상 속에서 그는 하이킹도 하고, 수영도 했다. 말을 타기도 하고, 테니스도 쳤다. 그들은 몇 달 동안 이 훈련을 했다. 그가 다시는 걸을 수 없을 것이라는 의사의 예상을 무시한 채 붕대를 풀던 날, 그는 침대 바닥에 두 다리를 내려놓더니 벌떡 일어섰다. 비틀거렸지만 결연한 태도로 그는 걸었다."[17]

이런 인간의 심리적인 힘을 이용해서 상상기도를 하라는 말은 절대 아닙니다. 하나님께서 우리에게 주신 놀라운 힘과 능력을 통하여 주님을 초청하고 주님께서 베푸시는 치유의 능력을 덧입을 수가 있다는 것입니다.

상상기도의 장에서 이미 여러 예를 들었지만 한 가지 더 이야기를 하겠습니다. 저는 언젠가 주일 낮 예배시간에 예수님의 보혈을 설교하면서 보혈을 통해 치유될 수 있다는 것을 선포했습니다. 이 설교를 들은 저희 교회의 초신자 자매는 그 날 저녁 자기 집에 가서 너무나도 사랑해서 자식처럼 키우는 강아지들 중에 태어나면서부터 허약해서 잘 먹지도 못하고 늘 설사를 하는 강아지를 보자 낮에 들은 설교

---

17) op. cit. p. 37.

를 적용해 보고 싶다는 생각을 했습니다.

그래서 상상을 통해 예수님의 보혈이 강아지 위에 부어지는 모습을 그리며 기도를 하고 잠을 잤습니다. 그런데 그 다음날 그 허약하던 강아지가 설사를 멈추고 늘 다른 강아지들에게 빼앗기던 밥을 자기가 다 먹고 다른 강아지들의 밥까지 빼앗아 먹는 모습을 보고 너무나 놀랐다는 간증을 하였습니다.

존귀하신 보혈의 능력을 강아지에 썼다고 불경스럽게 생각하지 마시고 그 자매가 초신자이며, 어떤 사람에게는 강아지가 정말 자식처럼 소중하다는 것을 이해하시고 이 간증을 받아들여주시기를 바랍니다.

주님의 보혈과 치유의 광선이 (말 4:2) 환자에게 임하는 상상을 하며 기도할 때 실제적으로 주님이 역사하실 수 있는 것입니다. 많은 치유사역자들에게 영향을 미쳤으며 자신도 놀라운 치유 사역을 감당했던 아그네스 샌포오드는 상상을 통하여 치유의 역사를 많이 체험했습니다. 자신의 저서 <치유의 빛>에서 아그네스는 다음과 같이 말하였습니다.

"나는 하나님과 가장 닮은 창조적 상상력의 한 부분인 시각을 훈련시켰다. 나는 내가 그를 위해 기도드리는 모든 사람의 뚜렷하고 상세한 모습을 나의 마음 가운데 창조하려고 노력하였다. 그리고 온몸이 빛나고 자유롭고, 건강하고, 두 눈에는 광채가 번쩍이고, 두 볼의 혈

색이 좋고, 율동적 리듬으로 걸어나는 모습을 보곤 하였다. 나는 나의 마음 가운데서 그들이 병원의 침대에서 일어나 걸어 다니고 달리며 뛰는 모습을 보곤 하였다. 그리고 튼튼한 그들의 심상을 마음속에 꼭 지니는 것이다. 그들의 심상이 내 눈으로 보았거나 편지를 읽고서 전번에 내가 받았던 심상보다 더 뚜렷해질 때까지, 이 심상이 자발적으로 또 자연스럽게 나에게 떠오를 때까지, 즉 앓던 사람을 위해 기도할 때 의지의 행위로서가 아니라 그것이 마땅히 그렇다고 기쁘고 승리감에 넘친 믿음에 의하여 그의 회복된 모습을 보게 될 때까지 나는 이 심상(心象)을 붙잡고 있다. 이 기쁨과 이 권능을 느낄 때 나는 감히 이렇게 말한다. '아멘, 그렇게 될지어다.'"[18]

영상화를 돕기 위하여 글쓰기나 미술이 유용한 도구가 될 수 있습니다. 성경의 이야기나 비유 혹은 환자 자신의 꿈들이 출발점이 될 수 있습니다. 이야기 속으로 역동적인 상상을 통하여 자신을 대치시키는 것이 가장 중요한 부분입니다. 다음과 같이 자신을 상상할 수 있습니다. "나는 예수님과 군중들이 지나가는 여리고의 길가에 앉아 있는 소경인 거지 바디매오입니다. 나는 이렇게 느끼고 있습니다." 그리고 성경의 이야기와 자신을 일치시켜 글을 쓰면 도움이 될 것입니다.

단순히 인간적인 내적 능력이 아니라 성화된 상상(sanctified imagi-

---

[18] Agnes Sanford, The Healing Light<치유의 빛>(서울: 한국양서, 1984), p. 222.

nation)을 통하여 기도할 때 치유의 은혜를 체험할 수 있기를 간절히 바랍니다.

손을 얹고 하는 기도

병원에 입원해 있는 친구나 가족을 방문해서 대개의 사람들은 치유방법을 잘 몰라도 본능적으로 위안이나 우정을 나누어 주려는 막연한 마음에서 환자를 어루만지거나, 머리를 쓰다듬거나, 손을 꼭 잡아 줍니다. 이러한 소박한 인간적인 접촉과 믿음의 기도를 결합하면 놀라운 우리 주님의 치유의 능력을 체험할 수 있습니다.

하나님은 모세가 손을 들 때 애굽의 10가지 재앙을 내리셨으며, 홍해를 가르셨습니다. 반대로 그가 손을 들 때 재앙이 물러가고, 홍해의 물이 다시 회복되기도 했습니다.

예수님께서는 멀리서 말씀으로만 환자를 고치신적이 있지만 *(마 8:5-13, 15:21-28)*, 대부분은 직접 환자에게 가서서 그 몸에 손을 얹고 기도하심으로 치유해 주셨습니다. 예수님께서 부활하셔서 제자들에게 말씀하시기를 "믿는 자들에게는 이런 표적이 따르리니 곧 저희가 내 이름으로 귀신을 쫓아내며 새 방언을 말하며 뱀을 집으며 무슨 독을 마실지라도 해를 받지 아니하며 병든 자에게 손을 얹은즉 나으리라" *(막 16:17-18)*고 하셨습니다.

그러므로 우리가 믿음으로 병든 자에게 손을 얹어 기도할 때 주님께서 치유해 주시는 것입니다. 손을 얹어 기도할 때 두 가지 면에서 좋습니다. 첫째는 손을 환자의 몸에 얹음으로써 그 사람의 내적 상태를 보다 더 잘 알 수 있게 된다는 것입니다. 앞에서 말씀드렸지만 치유기도를 하기 전에 가장 중요한 것이 진단이라고 하였습니다. 이 사람이 왜 병에 걸렸는지, 지금 영적, 심적, 육적 상태는 어떤지를 바르게 진단해야 올바른 치유기도를 할 수 있는 것입니다.

어느 권사님께서 자기 사위를 데리고 와서 저에게 기도를 해 달라고 했습니다. 사위는 믿음생활을 어려서부터 해왔고 대학도 우수한 성적으로 졸업을 했지만 몇 년째 공무원 시험에 떨어진다는 것이었습니다. 더욱이 그 형제는 결혼을 해서 아이까지 있는 가장이었지만 계속 시험에 떨어졌기 때문에 경제적인 것은 아내가 꾸려나갔는데 아내의 직업은 공교롭게도 공무원이었습니다.

그래서 늘 많은 부담감 속에 있다가 시험을 며칠 앞두고 저를 찾아왔던 것입니다. 그 형제와는 한 번도 말을 해보지 않았지만 사정 이야기를 들으니 마음이 아파서 그 몸에 손을 얹고 기도를 시작했습니다. 그러자 그 형제 안에 너무나도 커다란 어둠과 슬픔이 느껴졌습니다. 사정 이야기를 들을 때 어느 정도 이성적으로 예상을 했지만 막상 손을 얹고 기도하니 그 어둠과 우울과 부정적인 것들이 제게 생생하게 느껴졌습니다. 그래서 시험을 잘 보게 해달라는 기도보다는 그 어두움을 쫓는데 한참을 기도하게 되었습니다.

어느 정도 어둠과 슬픔이 떠나갔다고 느껴졌을 때 주님께서 지혜와 빛으로 그 형제의 영과 마음과 지식에 채워달라고 기도하고 마쳤습니다. 그리고 간단하게 권고를 하고 보냈습니다. 4일 후에 그 형제는 8급 공무원 시험을 쳤는데 굉장히 어렵게 나와서 본인은 전혀 자신이 없었다고 합니다. 더군다나 실업률이 높은 요즘 시험 본 사람들이 너무 많아서 전혀 기대를 안 하고 있었는데 바로 그 시험에 합격을 했다고 후에 감사를 해 온 적이 있습니다.

아주 쾌활해 보이는 사람도 손을 얹고 기도해 보면 의외로 그 속에 상처와 슬픔이 가득 찬 것이 느껴질 때가 있습니다. 그러므로 한 의사가 손목을 잡고 진맥을 통해 병을 진단하듯이 우리는 손을 얹어 기도할 때 그 사람의 상태를 온전히 파악하고 그에 알맞은 기도를 할 수 있게 되는 것입니다.

두 번째로는 손을 얹어 기도할 때 하나님의 권능이 손을 통하여 기도 받는 사람에게로 흘러들어 간다는 것입니다. 치유기도를 하는 사람이 가만히 손을 얹고 주님의 통로가 될 때 치유의 영이 환자의 몸과 영혼을 고쳐주시는 것입니다.

어떤 형제를 위하여 저는 가볍게 그의 어깨와 등을 살짝 두드리면서 기도를 한 적이 있습니다. 그 형제는 기도를 받으면서 계속 괴로운 듯이 신음을 내다가 기도가 끝이 난 후에 이르기를 자기는 죽는 줄로 알았다는 것입니다. 저의 손이 닿는 곳마다 불로 지지는 듯한 느낌이었다고 하였습니다. 소리를 쳐서 그만 하라고 하고 싶었지만 그 뜨거움이 너무 커서 숨도 제대로 못 쉬고 신음만 했다는 것입니다. 주님께서 부족한 저의 손을 통하여 성령의 불같은 권능으로 그 형제를 어루만지신 것입니다.

그러므로 할 수만 있다면 부지런히 환자들에게 찾아가서 믿음으로 손을 얹고 기도할 때 치유의 역사가 많이 일어날 것입니다. 자기 몸이 아플 때도 아픈 부위에 손을 얹고 기도하며 예수의 이름으로 축복하고 명할 때 치유의 은혜가 임할 것입니다.

사랑의 기도

"믿음, 소망, 사랑, 이 세 가지는 항상 있을 것인데 그 중에 제일은 사랑이라"(고전 13:13).

성도의 신앙에 있어서 언제나 사랑이 가장 중요하듯이 사랑으로 드리는 치유기도가 가장 역사하는 힘이 큽니다. 마태복음 8장 1-4절에서 예수님은 문둥병자를 고쳐주실 때 "손을 내밀어 저에게 대시며 가라사대 내가 원하노니 깨끗함을 받으라"고 하셨습니다.

아마 그 문둥병자는 병이 안 나았어도 예수님이 자기 몸에 손을 대었다는 것 하나만 가지고도 너무나 감격해하고 감사했을 것입니다. 그 때나 지금이나 문둥병 환자를 손으로 만진다는 것은 결코 쉬운 일이 아닙니다. 모든 사람이 무서워하고 격리시키기를 원합니다. 그러나 예수님은 그 문둥병 환자를 사랑하셔서 말씀으로만 고칠 수 있었지만 피고름이 흐르는 그의 몸에 따스한 손을 대시고 기도하실 때 순간적인 치유의 역사가 일어났던 것입니다.

전도간증집 <천국, 혼자 갈 순 없잖아요>를 쓴 김길복 집사는 주일학교 자기 반의 아버지 때문에 매독에 걸린 아이를 위해서 기도하다가 별로 차도가 안 보여서 두 주일 동안 금식기도를 하며 울부짖었다고 합니다. 그러다가 그 아이에게서 나는 고름과 악취 때문에 사람들이 접근하지 않았는데 자기도 때때로 징그럽다는 생각을 하며 큰 수건으로 그 아이를 둘둘 말아서 기도하고 가르쳤음을 깨닫게 되었습니다.

진정으로 그 아이에 대한 사랑이 없음을 회개하며 울면서 수건을 걷어내고 그 아이를 꼭 안고 눈물로 기도를 하는 데, 놀랍게도 눈물이 떨어진 곳마다 썩어가던 살결이 씻기어 나가고 새 살이 돋아났다는 것이었습니다. 그러면서 다음과 같이 간증을 하였습니다.

"나는 아이가 감고 있던 타올을 벗어 던지고 다시 한 번 더 내 얼굴을 그 아이의 피부에 맞대면서 간절히 기도로 구했다. 그 동안 이 여종이 가증한 사랑의 연극을 했던 것을 용서해 주십사고, 뜨겁게, 뜨겁게 울부짖었다. 회개의 눈물을 흘리는 가운데 뜨거운 눈물이 치료액이 되어 그렇게 흉하고 냄새나던 피부가 꾸덕꾸덕하게 굳어지면서 낫기 시작했다. 며칠 동안 내 눈물을 찍어 이 아이의 온 몸 구석구석을 마사지해 주었더니 하나님은 기적같이 이 아이의 매독을 치료해 주셨다. 할렐루야! 하나님은 우리가 진정한 사랑을 나눌 때, 바리새인의 사랑이 아니라 진정한 여호와의 사랑인 영혼을 사랑하는 눈물을 가지고 기도할 때, 하나님의 기적적인 역사가 일어남을 나에게 확신시켜 주셨다."[19]

세계적인 치유 전도자인 마헤쉬 차브다(Mahesh Chavda)는 그의 첫 번째 치유사역의 경험을 스티브란 한 소년을 통해 하게 되었습니다. 의학적으로는 심한 다운 증후군으로 시달리며 자기 얼굴을 자기 손을 사정없이 때리는 증상을 가지고 있는 스티브를 여러 방법을 다 동원해도 도무지 고칠 수가 없었습니다. 당시 정신박약아 주립학교에서 봉사를 하고 있는 마헤쉬는 그 아이를 보고 너무나도 불쌍해서 기도를 하였지만 별 차도가 없어서 하나님께 부르짖었을 때 마가복음 9장 29절의 말씀이 떠오르며 금식을 해야 한다는 영감을 가지게 됩니다.[20]

생애 처음으로 두 주간을 힘들게 금식하고 그 아이를 위해 기도했을 때 그 아이을 사로잡고 있던 악령이 떠나가고 스티브가 치유되었

---

19) 김길복, <천국, 혼자 갈 수 없잖아요>(서울: 예찬사, 2003), pp. 121-122.
20) 같은 내용의 마 17:21절의 말씀이 우리 성경에는 없는 것으로 되어 있는데 난외주를 보면 다른 성경의 사본에는 "기도와 금식이 아니면 이런 류가 나가지 아니하느니라"가 있다고 나와 있습니다.

다고 간증하였습니다. 그 이후로도 영혼을 향한 사랑으로 금식하며 기도하고 사역 했을 때 놀라운 하나님의 이적을 체험하고 그 이야기들을 <사랑만이 기적을 일으킨다>의 제목으로 책을 썼습니다.

한국 교회가 모두 존경하는 한경직 목사님이 살아계실 때 감동적인 일화를 전해 들은 적이 있습니다. 목사님께서 한 번은 암 말기 환자를 위해서 눈물로 기도하면서 "주여, 차라리 이 병은 저에게 주시고, 이 성도를 살려 주옵소서!"라고 기도하셨습니다.

저도 목사로서 많은 환자를 위해 기도했지만 한 번도 한경직 목사님처럼 이 병을 저에게 주시고 이 환자는 살려 달라는 기도를 해 본적이 없습니다. 제 안에는 그 만한 사랑이 없는 것이었습니다. 같이 있던 장로님들과 권사님들은 그 기도를 듣고 깜짝 놀랐다고 합니다. 하지만 며칠 후 그 환자는 기적적으로 온전히 치료를 받았다고 합니다.

정신병에 관해서도 칼 매닝거(*Karl Menninger*)라고 하는 유명한 심리학자는 현대인의 모든 정신적 질병의 근본적 치유책은 오직 사랑밖에 없다고 하였습니다. 사람을 변화시키는 것, 무거운 마음, 증오의 마음, 질투하는 마음, 악한 마음을 바꾸어 놓을 수 있는 길은 사랑밖에 없다고 하였습니다.

저는 집단상담(*group counseling*)을 수련회 같은데서 2, 3일 인도하고 나서 마지막 순서에 '사랑을 주고받기'라는 활동(*activity*)을 합니다. 며칠 동안 참가자들은 자신의 내면에 있었던 많은 비밀들을 서로 이야기 하게 됩니다. 대개는 그동안 그 누구에게도 말하지 않았던 많은 상처와 슬픔에 대해서 고백하며 서로 위로하고 어떻게 하든지 그 아픔을 감싸주기를 원하는 마음을 가지게 됩니다. 그래서 마지막 시간에는 참가자들이 원을 그리고 서 있고 그 원 안에 한 사람씩 들어가서 눈을 감고 편안히 서 있으면 둘러싸고 있던 참가자들이 한 명씩 차례로 원 안에 있는 사람에게 가서 최대한 자신의 사랑을 표현하는 것입니다.

어떤 참가자는 꼭 껴안아 주기도 하고, 볼을 맞대고 한참 있기도 하며, 발을 두 손을 감싸고 있기도 합니다. 이 활동이 끝나고 나면 사랑의 마음을 받을 때와 해 줄 때의 느낌을 서로 나누게 됩니다. 거의 모든 참가자들은 처음에는 좀 어색하고 사랑을 받을 때나 표현해 줄 때 쑥스럽고 적극적이지 못한 것에 후회를 하면서도 너무나도 좋았다고 합니다.

어떤 청년 자매는 자기는 태어나서 지금까지 이런 사랑을 받아 본 적이 없다며 울먹이며 고백하는 것을 들은 적이 있습니다. 어떻게 보면 간단하고 여럿이서 하는 것이지만 조그마한 사랑을 전달해도 받는 사람은 커다란 감동을 받고 그 내면의 상처가 치유되는 것입니다.

우리의 구원자이시며 치유자 되시는 예수님은 이 땅에 계실 때 심한 통곡과 눈물로 백성들을 위해 기도하셨습니다 (히 5:7). 그 분의 사랑과 눈물이 우리를 치유하듯이 온 마음과 뜻과 생명을 다하여 주님을 사랑하고 병든 영혼들을 사랑할 때 치유의 기도는 놀라운 역사를 일으킬 것입니다.

지금까지 여러 치유기도에 대하여 살펴보았습니다. 그 외에도 회개의 기도, 용서의 기도, 금식 기도 등 많은 기도가 치유를 위한 기도가 될 수 있을 것입니다.

그러나 모든 의학적이고 위생적인 것은 필요 없고 기도를 통해서만 치유가 된다고 하는 것은 절대 아님을 다시 한 번 강조합니다.

의학적인 치료와 함께 절제된 삶, 알맞은 식생활, 규칙적인 운동 그리고 깨끗한 환경에서 지내며, 적절하게 스트레스를 풀며 생활 할 때 온전한 치유와 건강한 삶을 살면서 하나님께서 우리에게 허락하신 강건하고 행복한 삶을 누릴 수 있는 것입니다.

| 기 | 도 | 제 | 안 |

1. 감사의 기도

1) 호흡기도를 하면서 자신 안에 있는 아픔과 질병을 내 보낸다고 생각하며 숨을 내 쉬고, 주님의 생명과 빛을 들이마시는 기분으로 숨을 천천히 들이키세요.

2) 그 동안 내게 베풀어 주신 주님의 은혜와 축복들을 생각하며 감사의 기도를 하세요.

3) 지금까지 지내 오면서 나에게 도움과 친절과 사랑을 주었던 모든 사람들을 천천히 기억하며 감사로 마음을 가득 채워 보세요.

4) 자기 신체의 각 부분에 대해서도 감사하는 마음을 표현해 보세요. 그리고 감사하는 마음으로 주님의 치유를 간구하세요.

2. 믿음의 기도

믿음의 기초는 하나님의 말씀입니다. 치유에 관한 말씀을 매일 읽고 묵상하며 그 말씀을 확신하며 치유를 위해 간구하고 선포할 때 말씀대로 이루어 질 것입니다.
치유에 관한 말씀 - 잠 4:20-22, 롬 8:11, 마 8:2-3, 출 15:26, 출 23:25, 신 7:15, 시 103:1-5, 시 118:17, 사 53:5, 레 30:17, 말 4:2, 마 8:16-17, 막 11:22-23, 막

16:17-18, 요 10:10, 갈 3:13-14, 엡 6:10-13, 계 12:11, 나훔 1:9.[1]

3. 상상의 기도

1) 침묵기도를 하고 나서 주님께서 자신의 생각과 감정과 모든 상상력을 주관해 달라고 기도하세요.

2) 당신의 삶 가운데 지금까지 영향을 미치는 일임에도 불구하고 예수님께 가지고 나아가지 못했던 아픈 상처를 생생하게 떠올려 보세요.

3) 그 기억의 내용이 생생하게 되살아날 때 자신이 느끼는 감정을 살펴보세요. 그 감정은 분노입니까? 시기심입니까? 절망입니까? 증오심입니까? 또는 두려움입니까? 그 상황과 감정을 예수님께 솔직히 고하십시오.

4) 당신의 아픈 기억과 관련된 사람에게 이야기 하고 있는 당신을 상상해 보세요. 그리고 그 사람에게 당신의 감정과 상처를 알리세요.

5) 그 상상의 상황 속으로 예수님을 초대하십시오. 상처를 받던 그 장소에 예수님께서 바로 옆에 계시다고 상상하십시오. 예수님은 당신에게 무슨 말씀을 하십니까? 당신의 기억 속에 개입한 예수님께서 사랑을 베푸시는 대로 다 받아들이십시오. 마음의 상처로 남은 그 사건과 사람과 당신을 치유하기 위해 예수님께서 하시는 말씀이나 행위에 마음을 열고 조용히 주님의 임재

---

[1] 암병에서 고침을 받고 <암병에서 치유 받은 여자-베다니 출판사>라는 책을 쓴 도디 오스틴은 위의 여러 치유 성경 구절을 소개하고 그것을 어떻게 적용해야 하는지를 자세히 소개하고 있습니다.

가운데 거하십시오.[2]

4. 손을 얹고 하는 기도

1) 두 손을 들고 주님께서 손에 기름을 부어 달라고 간청하십시오.

2) 아픈 부위에 손을 얹고 기도하십시오. 기도하면서 당신의 손과 예수님의 피 묻은 손이 함께 포개져서 그분의 피가 상처부위로 흘러 들어가는 상상을 하며 기도하십시오.

3) 손으로 신체의 여러 부분을 만지며 축복하고 격려하며 주님의 사랑으로 빛나는 모습을 그려 보세요.

---

2) Bridget Mary Meehan, The Healing of Power<치유를 위한 10가지 기도 방법>, 강우석 역(서울: 바오로딸, 2001), p. 85.

| 닫 | 는 | 글 |

　기도는 우리의 영적 상태를 알려 주는 가장 정확한 바로미터(ba-rometer)입니다. 자꾸만 기도하고 싶고, 기도하는 시간이 너무나 즐겁고, 기도할 때 달콤한 주님의 임재 가운데 빠져들 수 있다면, 주님과 동행하는 충만한 은혜의 삶을 살고 있는 것입니다.

　하지만 그 반대라고 해서 계속 기도도 하지 않고 그대로 지내면 점점 더 영은 굳어지고 영혼의 어두운 밤이 옵니다. 심령의 어두움을 계속 그대로 두면 애굽에서 아홉 번째 심판이 어두움이고 그 다음이 장자를 죽이는 심판이 온 것처럼 하나님의 징계가 임하게 됩니다. 비록 기도하기가 힘들고 어렵다 할지라도 힘쓰고 애써 주님께 나아가면 곧 기도의 문은 열리고 충만한 하나님의 은혜를 체험할 수 있을 것입니다.

　지금까지 소개해 드린 여러 기도를 시간을 내어서 열심히 훈련하시면 아름다운 열매를 얻게 될 것입니다. 다양한 기도를 통하여 우리가 추구하는 것은 두 가지입니다. 첫째는 세상과 육으로부터 분리입니다. 우리는 얼마나 세상을 사랑하고 육신의 정욕과 안목의 정욕과 이생의 자랑 속에서 살고 있는지 모릅니다. 대부분의 사람들이 너무나 오랜 세월 동안 그렇게 살았기 때문에 육으로 사는 삶이 자연스럽게 느껴지고, 영으로 사는 삶은 이상하고 특이하게 보일 정도입니다.

깊은 기도를 통하여 끈적끈적한 육의 모든 것에서 분리가 되어서 우리의 영이 새벽이슬 보다 더 맑고 깨끗해져야 합니다.

그리고 두 번째로 영이신 하나님과 *(요 5:24)* 일치를 이루어 나아가야 합니다. '거룩'이라는 뜻의 히브리어 카도쉬(קדוש)는 '분리' 혹은 '구별'이라는 의미도 가지고 있습니다. 기도를 통하여 성령님이 우리의 영을 육에서 분리시켜 주실 때 우리는 거룩한 삶을 살 수가 있는 것입니다.

예수 그리스도를 본받고 그분의 가르침을 따르는 것으로만은 부족합니다. 주님과 하나가 되어야 합니다. 주님과 마음이 하나가 *(행 13:22)* 되고, 영으로 하나가 되어야 합니다. 바울은 그리스도와 교회의 관계를 부부의 관계로 설명하였습니다 *(엡 5:22-32)*. 교회는 곧 성도를 의미합니다. 그러므로 우리는 주님과 부부처럼 신비한 일치를 이루어야 합니다. 그래서 우리는 예수님처럼 되어야 합니다.

예수님처럼 된다는 것은 무엇을 의미할까요? 많은 사람들에게 "예수님 하면 제일 먼저 어떤 이미지가 떠오르십니까?"라고 질문 하면 대개의 경우 "사랑의 예수님, 온유하신 예수님, 우리를 위해 낮아지신 예수님" 등으로 대답합니다. 저는 여태까지 "물위로 걸으신 예수님, 오병이어의 기적을 행하신 예수님, 죽은 자를 살리신 예수님" 등으로 대답하는 사람을 거의 본적이 없습니다.

　예수님께서는 이 땅에 계실 때 완전 하나님이시고 완전 인간이셨습니다(Homo Vere Deus Vere). 그러므로 우리도 주님과 일치를 이루어 나아갈 때 지극히 신령한 삶을 살면서도 소박한 인간미를 가지고 있어야 합니다.

　기도를 통하여 깊은 영적 세계를 체험하면서도 사람들에게는 따스한 인간미가 넘치는 사람으로 보여 지고 느껴져야 합니다. 너무 신령한 것만을 추구하다보면 신비주의로 빠지게 되고 결국은 타락합니다. 그 반대도 마찬가지입니다. 그러므로 우리는 그 둘이 완전하게 하나가 된 예수님처럼 살 때 거룩하고 신령한 삶을 살면서 사랑과 온유와 겸손을 가지고 사람을 섬길 수 있게 되는 것입니다.

　성령 안에서 무시로 기도 가운데 주님과 동행하는 삶보다 더 기쁘고 아름다운 것은 이 세상에 존재하지 않습니다. 우리가 간절히 바라고 추구해야 하는 것은 바로 주님께로 날마다 더 가까이 나아가는 것이 되어야 합니다.

　"오! 주님, 세상도 없고 나도 없고 오직 내 안에 주님만으로 충만하게 하소서."

기도의 체험담

예수 기도

 김현태 교수님의 책에서 읽은 예수기도는 지금까지 들어보지 못한 기도여서 조금은 낯설기도 했습니다. 처음에는 어떻게 예수님의 이름을 부르는 것이 기도가 될까 하는 의문점도 생겼습니다.
 하지만 "예수님, 나를 불쌍히 여겨 주소서"라고 하며, 눈을 뜨게 해 달라는 간절한 소경의 기도와 스스로 큰 죄인임을 고백하며 통회 자복하는 세리의 기도를 이해하게 되면서 그들의 간절한 마음을 알게 되었습니다.
 숨을 들이 마시면서 "예수님, 저를 긍휼히 여기시고 불쌍히 여겨 주옵소서!"라고 하는 예수기도를 눈을 감고 주님을 생각하면서 기도를 드리게 되자 즉시 하나님의 임재를 느끼는 자신을 발견하면서 너무나 놀라웠습니다. "예수님, 저를 불쌍히 여겨 주옵소서!"라는 한 문장 속에 모든 것이 다 들어있다는 것을 알게 되었습니다.
 하품을 통해 악하고 더러운 것들이 나간다고도 하였는데 저는 예수님만 간절하게 불렀음에도 불구하고 계속 하품이 나오기 시작했습니다. 어떤 때는 "주 예수님, 나를 사랑하시는 예수님"만을 불렀는데

도 눈물이 주체 없이 마구 흘러내렸습니다.

간단하면서도 이렇게 주님이 원하셨던 것을 저는 왜 이제야 알게 되었을까요? 주님의 이름만 불러도 주님은 너무나 기뻐하시면서, "그래, 내 사랑하는 딸아 내가 네 곁에 있단다. 내 기뻐하는 자야, 나는 날마다 네가 나의 이름을 부르면서 나와 만나기를 원한다. 이제라도 알게 되었으니 어렵다 하지 마라. 네가 날마다 나와 가까이 하기를 기다리고 있었단다"라고 말씀하셨습니다.

어떤 때는 학교에 가면서도, 교회에 가는 전철 안에서도, 조용히 눈을 감고 주님을 생각하면서 주님의 이름을 불렀을 때도 눈물이 마구 흘러내렸습니다. 짧고도 쉬운 예수기도를 이제는 수시로 해야겠다고 다짐을 하게 되었습니다.

요즈음은 예수기도를 할 때 "주님, 나를 불쌍히 여겨 주옵소서. 주님, 내 속에 있는 악하고 더러운 것들이 다 떠나가게 하옵소서. 주님, 새로운 영으로 나를 채워주옵소서"라고 계속 새로운 단어를 사용하면서 기도하고 있습니다. 일반적인 기도를 하다가 기도가 잘 안 될 때도 중간 중간에 예수 기도를 사이에 넣으면서 기도하고 있습니다.

그러면 계속 하품을 하게 되면서 주님의 임재를 느끼게 됩니다. 이러한 현상을 통해 주님이 나와 함께 하신다는 느끼게 됩니다. 학교에서 방학을 하여 시간이 있으면 이 책에서 소개한 여러 기도방법을 하나씩 실천하고, 내가 드리는 기도에 여러 가지 기도를 섞어가면서 할 수 있도록 훈련을 하고자 합니다.

끝으로 김현태 교수님을 만나게 해주신 주님께 깊이 감사드리며, 너무나 좋은 다양한 기도에 대하여 알게 하시고 가르쳐주신 은혜에 너무 감사드립니다.

서순영

춤 기 도

먼저 춤이라고 하면 어릴 적에 앞집에서 굿을 하면서 무당이 알록달록한 옷을 입고 마당을 뛰어 다니던 것과 작은 오빠가 구두 뒤 굽에 징을 박아서 탁탁 소리가 나게 몸을 흔들며 춤을 추던 모습이 떠올려집니다. 하지만 두 가지 모습이 별로 좋아 보이지 않아 춤이란 것을 추지 말아야겠다고 어릴 때부터 생각했었습니다.

교회를 다니면서도 몸 찬양이라고 하면서 찬양에 맞추어 춤을 추는 것을 보고 의아하게 생각했습니다. 거룩함으로 찬양 드려야 하는데 천박하게 어떻게 하나님의 성전에서 저렇게 춤을 출 수 있나 하고 이상히 여겼습니다.

영성훈련이라는 3박 4일의 훈련기간에 참석했을 때 찬양과 춤을 추면서 뛰고 손을 흔드는 모습을 구경꾼이 되어 바라보고 있는데 어떤 분이 와서 손을 잡고 빙빙 돌면서 웃는데 참 어색했습니다. 삼사

일동안 손을 들기는 했지만 '춤을 추는 건 안 돼'라고 마음을 굳게 하고 열지 않았습니다.

　신학교를 들어갔는데 내 짝이 연습하러 가자며 손을 잡고 간 곳이 학교 몸 찬양 팀이었습니다. 난 이런 것 못한다고 했지만 그 친구는 막무가내로 연습만 하자고 하였습니다. 나이 먹어 학교 온 것도 그런데 왜 내가 이런 것까지 해야 하나 화가 났지만 화를 낼 수 없어 일주일만 해보자 했으니 일주일만 참석하고 오지 말아야지 했는데 그 후로 2년 동안 하게 되었습니다.

　하지만 하나님께 나의 몸을 드려 영광을 드리고 기쁨을 맛보기 보다는 이 율동을 어떻게 해서든 실수 없이 부드럽고 예쁘게 하는 것에 온 관심을 기울여 왔습니다. 몸 찬양을 하면서 주님의 은혜도 있었지만 마음의 부담이 더 컸었던 같습니다.

　하지만 지금은 정말 열심히 춤을 춥니다. 손을 올리는 것도 거부했던 내가 손뿐만이 아닌 몸을 움직여 춤을 춥니다. 성령님을 의지하여 조용히 손을 들 때면 주님의 만지심으로 울고, 뛰고 발을 구르며 손을 뻗을 때는 나를 억압하고 누르던 악하고 더러운 것들이 깨지고 박살이 나는 것을 보게 됩니다.

　또한 나의 대장되신 예수님께서 앞서시니 난 그 뒤를 열심히 따라가며 전진하는 춤을 추고, 어떨 때에는 주님이 내손을 잡고 빙글빙글 돌리시므로 내 다리는 한 발 한 발 떼어지는데 내 눈에 보이는 모든 물체는 전광석화보다도 빠르게 돌아가므로 너무도 어지러워 손을 놓게 되면 바닥에서 마구 굴러가기도 합니다.

춤을 통해서 저의 영과 몸이 참으로 자유로워 졌습니다. 그럼에도 마음 한 구석에서는 주님 앞에 좀 경망스러운 것은 아닌가 하는 의구심을 품기도 했는데 이번에 김현태 목사님의 강의를 통하여 의구심을 가질 것이 아니라 저의 하나님께 무한 감사와 영광을 드리며 주님을 기쁘시게 하는 것이 춤이라는 걸 알게 되었습니다.

춤이 구원의 감격을 표현 하는 것 이상으로 나의 신랑 되시는 예수 그리스도 앞에서 어여쁜 신부의 아름다운 애정의 표현이며 그분과 내가 하나 되어져 가는 과정임을 알게 되었습니다. 감사함으로 고백합니다.

"주님, 언제나 저와 함께 춤을 추어주세요. 주님의 품에 안겨 부드러움과 기쁨과 감사의 표현을 몸으로 드립니다."

"주께서 나의 슬픔이 변하여 내게 춤이 되게 하시며 나의 베옷을 벗기고 기쁨으로 띠 띠우셨나이다. 이는 잠잠하지 아니하고 내 영광으로 주를 찬송하게 하심이니 여호와 나의 하나님이여 내가 주께 영원히 감사하리이다."(시편 30:11-12)

박 찬 순

예수기도

예수기도에 관하여 목사님께 처음 강의를 들을 때 약간의 거부 반응과 함께 무슨 말씀을 하시려나 싶어 자세히 들어보니 머리가 끄덕여 졌습니다. '그래, 그런 방법도 나름 어떤 이들에겐 도움이 되겠구나'라고 생각했습니다.

그런데 이번에 김현태 목사님의 책을 다시 읽어보면서 예수기도에 묘한 매력을 느껴 '나도 한번 해볼까'라는 생각이 문득 들었습니다. 다른 기도방법들은 평상시에 하던 것 이었지만, 예수기도는 천주교나 수도원의 수도승, 순례자들의 규율적 기도훈련방법으로만 알고 있었습니다.

며칠 시도해 보니 그렇게 어렵지는 않았습니다. 오히려 자주 하던 주기도문을 계속하기보다 쉬웠습니다. 사실, TV나 영화에서 보던 수도승들의 기도생활은 은혜보다 습관적 행위에 더 많이 치중하는 것 같았습니다. 형식적이고 딱딱하며 자유롭지 못한 분위기에 어쩔 수 없이 해야 하는 것 같이 보여 불쌍해 보였습니다. 또 기도의 내용이 너무나 단순하고 지루해 보여 '저래서 무슨 기도의 경지에 들어가겠나' 싶었습니다.

하지만 하루 이틀 내 입에서 "하나님의 아들이신 예수 그리스도여 내게 자비를 주소서," "나를 불쌍히 여기소서," "주는 그리스도시오 살아계신 하나님의 아들이로소이다"를 계속 하면서 나의 고정관념이 허물어졌습니다.

'수도승들이 억지로 할 수 없어 하는 기도가 아니었구나. 할 만하네. 참 좋다. 그러니까 그 생활이 가능했겠지. 그들은 정말 구도자였구나. 그래서 하나님과 평생을 동행하며 살 수 있었겠구나'라고 이해하게 되면서 저도 더욱 열심히 분명하게 예수님을 찾았습니다.

"예수님, 예수님, 부를수록 귀한 이름 예수." 그분은 내 마음의 기쁨, 행복, 그리고 든든한 버팀목이 되었습니다. 온 몸으로 사랑을 느끼며 감사의 눈물을 흘리게 되었습니다. 별로 큰 기대 없이 시작했었는데 큰 감동과 기대가 되었습니다.

책 내용에 자주 등장하는 김현태 목사님의 기도생활 체험내용이 읽을수록 따뜻했습니다. 목사님의 사랑과 인격에 존경을 표합니다. 목사님께 지혜주신 멋진 하나님을 찬양합니다. 할렐루야!

오 정 자

예수기도

편안한 자세로 누워서 마음을 조용히 심장을 향하도록 하였습니다. 처음엔 호흡이 자꾸 끊겼습니다. 그래도 날마다 계속 호흡기도를 했습니다. 저는 평상시 숨쉬기가 조금 불편했습니다. 가슴도 답답하기도 하고요. 그런데 며칠하다 보니 내 가슴에 상처가 있는지 마음이 슬퍼지며 눈물이 나오고 외로움이 느껴졌습니다. 계속하다 보니 주님의 깊은 임재와 사랑의 감각을 누리고 맛보는 것을 느꼈습니다.

저는 가슴 호흡기도를 하고 감정에 섭섭함과 슬픔이 사라지고, 이제 내 삶과 인격에 많은 변화가 일어난 것을 봅니다. 내 영혼의 깊은 곳에 그리스도의 참 평안이 넘치고 있습니다. 밤마다 잠자리에 누워서 배, 머리, 여러 가지를 다양하게 해봅니다. 그 때마다 주님의 임재를 느낍니다. 할렐루야.

신 지 영

예수기도

"주 예수 그리스도여! 저를 불쌍히 여기소서"를 계속 되풀이해서 기도했습니다. 마치 사막의 교부가 된 것 같은 생각이 들 정도로 계속해서 기도했습니다. 계속 기도하다가 평소에 하던 기도, "예수님 사랑합니다"라는 고백을 드렸습니다. 그러다가 다시 "주 예수 그리스도여 저를 불쌍히 여기소서"를 번갈아 가며 계속 기도하다 보니까 어느새 저의 마음이 주님께 집중되어 있다는 것을 알게 되었습니다.

그 다음에는 호흡과 함께 기도하기 시작했는데 숨을 들이 쉬며

"주 예수 그리스도여" 숨을 내 쉬며 "저를 불쌍히 여기소서" 다시 숨을 들이쉬며 "예수님" 숨을 내 쉬며 "사랑합니다"를 호흡과 함께 기도하니까 그냥 기도 할 때보다 훨씬 더 주님께 집중이 되었고 주님과의 친밀감을 더 강하게 느낍니다.

24시간 동안 기도하기를 원하는데 '예수기도'야 말로 언제 어디서든 주님을 부를 수 있어서 더욱 더 주님과의 친밀한 교제를 나누고 있습니다. 놀라운 것은 평소에도 길을 걸을 때 "예수님 사랑합니다. 예수님 사랑합니다"를 계속 고백하며 길을 걸었었는데 예수기도를 한 다음부터는 더 깊은 마음으로 부터의 고백이 되고 저의 마음과 시선이 예수님의 심장을 향하고 있다는 것을 느낄 정도로 깨어 있는 동안 예수님 안에 머물러 있습니다.

전에는 잠 잘 때에 "예수님 저의 영혼을 예수님께 부탁합니다"하고 누웠었는데 이제는 이불 속에서도 잠이 들기 전까지 호흡과 함께 "주 예수 그리스도여 저를 불쌍히 여기소서. 예수님 사랑합니다"를 고백하고 있습니다.

예수기도는 저에게 매 순간, 24시간 주님과 속삭이는 습관을 갖게 해 주었습니다. 지금도 주님의 이름을 부르며, 사랑을 고백하며, 주님과 동행하고 있습니다. 예수기도는 저를 예수님께 대해 수다쟁이가 되게 하고 저를 주님 안에 머물게 합니다.

길 성 옥

침묵기도

저는 기질이 ESFP형으로 굉장히 감정적이고 외향적입니다. 그래서 침묵기도를 시작한지 두 달이 지났지만 여전히 너무나 어렵습니다. 분심도 많고, 몸이 여기 저기가 아프고, 어느 날부터는 가슴 명치부터 목까지 숨 쉬는 것이 너무 어려운 것을 느꼈습니다. 특히 목에는 덩어리가 걸린 것 같아 병원에도 가보았습니다.

1. 아침, 저녁에 30분씩. 현존하신 주님께 내 영, 혼, 육을 드리는 것이 너무 어렵다는 것을 발견했습니다.
2. 어느 날은 어깨부터 힘이 빠진 적이 있습니다.
3. 어느 날은 머리가 뜨겁고 땀을 흘렸습니다.
4. 갑자기 배로 힘이 가고 괄약근을 조이게 되었습니다.
5. 기도 가운데 심령에 평강이 임하고 다른 사람에게도 평강이 흘러가는 것 을 보고 이것이 신령한 평안이라는 것을 발견했습니다.
6. 마음에 커다란 파도가 일어 날 때 침묵으로 들어가면 그 파도가 지나가면서 실재로 삶의 환경에서도 어려움이 떠나가고 평안이 임하는 것을 체험했습니다.

제가 이 기도 두 달 정도 하면서 내 내면이 강해지고 특히 두려움이 사라진 것 같습니다. 그리고 저의 심령에 막힌 것이 많이 있음을 알았고, 특히 슬픔과 아픔이 많이 있음을 알게 되었습니다. 기도가 끝나면 트림과 하품이 많이 나옵니다.

김 애 경

1. 예수 기도의 적용

예수기도란 명칭을 알기 전에 성령님께서 '주님을 호흡하는 자'가 되기를 원한다는 기도를 시키셔서 호흡과 함께 예수의 이름을 부르면서 묵상 가운데 깊이 들어가게 하신 적이 있었습니다. 공기를 마시듯 호흡하면서 "예수님, 새 호흡을 하기 원합니다. 예수님, 새 생명을 불어 넣어 주세요"라고 할 때 처음엔 내 가슴 한 부분이 무엇엔가 부딪히는 것처럼 아팠지만 이후에 내 몸 밖으로 무엇인가가 빠져 나가면서 평안해지고 호흡을 하는데 상쾌해지는 것을 경험할 수 있었습니다.

이 후로 예수님의 이름을 부르면서 호흡하게 해달라는 기도를 계속적으로 하게 되는데 어디에서나, 언제든지 할 수 있고, 특히 마음이 어지럽거나 조급해 질 때 예수기도를 하게 되면 마음의 평안을 유지할 수 있고 주님께 시선을 맞출 수 있게 되어서 좋았습니다.

2. 상상 기도와 말씀 기도의 적용

십자가의 구속을 깊이 묵상하면서 길을 가는데 십자가의 모습이 보이면서 지금 막 흘린 피처럼 김이 모락모락 나고, 이 홍건한 피가 내 온 몸을 온통 감싸면서 적실 때 길을 가던 나는 그 자리에 멈춰서 한참을 울었습니다. 그 후 십자가와 보혈에 대한 말씀들을 가지고 기도하기 시작했습니다.

"우리는 다 양 같아서 그릇 행하며 각기 제 길로 갔거늘 여호와께서는 우리 무리의 죄악을 그에게 담당시키셨도다"(사 53:6).
"그가 찔림은 우리의 허물 때문이요 그가 상함은 우리의 죄악 때문이요 그 가 징계를 받으므로 우리가 평화를 누리고 그가 채찍에 맞으므로 우리가 나음을 받았도다"(사 53:5).

위의 말씀들을 가지고 기도하며 십자가에 못 박히신 예수님을 상상할 때 저의 내면의 모습들을 발견하게 되고 주님 앞에 비통함의 눈물을 흘렸습니다. 한없는 눈물이 나를 적실 때 그 십자가의 보혈이 내 입을 통해 들어오면서 "내 피를 마시라"는 음성을 들었고, 저는 계속해서 입을 벌린 채 주님의 피를 마시고 있었습니다. 그 후 내 몸 안에 있는 통로를 통하여 피가 쏟아지듯이 터져 나오는데 내 안에 어떠한 무거움이 동시에 빠져 나가는 것을 경험할 수 있었습니다.

이 경험은 말씀이 내안에서 실재가 된 사건이 되었고 이 후에 말씀을 기도로 하는 시간들을 주님 앞에 더 많이 드리려고 하고 있습니다.

박 은 주

실천기도

가족 섬기기

먼저 남편에게 사랑을 실천해 보았습니다. 남편이 저녁에 퇴근해서 저녁 식사할 때 이야기를 잘 들어주고 억양을 부드럽게 바꾸고 상냥하게 대해 주었습니다. 남편이 침대에 누워 있을 때 다리와 발을 마사지를 해 주며 기도해 주었습니다. 남편은 아주 기뻐하고 만족해했습니다. 저녁이면 늘 딸들을 불러 다리를 주물러 달라고 해서 소홀히 했었는데 조금이나마 섬기니까 내 마음도 기쁘고 좋은 남편을 허락해 주신 주님께 너무 감사했습니다.

그리고 둘째 딸에게 실천해 보았습니다. 사랑한다는 말과 함께 안아 주고 기도 해주고 특별히 시험기간에 잔소리를 줄였습니다. 아이가 편안해 하였습니다. 그리고 딸들의 말을 잘 들어 주고 수시로 사랑을 나타내려고 노력했습니다. 아이들이 행복해 하였습니다.

"주님, 늘 가족에게 사랑을 받기 보다는 주는 아내와 엄마가 되게 하시고 믿음으로 세워지는 가족이 되도록 기도하는 엄마, 사랑의 통로가 되게 하소서."

예수기도

기도훈련 책을 읽으면서 다른 기도 방법은 들어보고, 해보기도 했지만 예수기도는 처음 들어 보았고, 간단하면서도 하기가 쉬울 것 같아 매우 기뻤고 기대가 되었습니다.

김현태 교수님의 강의를 듣고 바로 전철 안에서, 집에서 해 보았습니다. 할 때마다 주님께 겸손함으로 기도에 임하게 되고, 간단하지만 예수 그리스도의 이름이 너무나 귀하고 능력 있음을 깨닫게 되었습니다.

저녁 잠자기 전에 호흡과 함께 들이 쉬면서 "예수 그리스도여" 내쉬면서 "나를 불쌍히 여겨 주옵소서"를 계속 반복할 때 마음이 편해지면서 기분이 좋아졌고 평안한 가운데 잠이 들었습니다.

사람과의 관계 속에서, 집에서, 안 좋은 일이 있었을 때도, "주 예수여 나를 불쌍히 여겨 주옵소서. 감사합니다. 사랑해요" 라고 호흡 기도와 함께 반복해서 했을 때 머리가 맑아지고 답답했던 가슴이 시원해졌습니다.

지금은 많이 해보지 않아 미숙하지만 주님께서 예수기도를 통해서 영, 혼, 육이 새로워지고 주님과의 친밀한 사랑 가운데로 들어가게 해주시기를 소망합니다.

황○○

상상기도

상상기도야말로 내게 가장 적합한 기도라는 것을 깨달았습니다. 왜냐하면 알고 보니 나는 상상 기도에 가장 적합한 SJ형이고, 원래부터 성경 읽을 때 사건과 장면들이 상상되고 그림처럼 떠오르며, 내가 마치 그 당시의 주인공이 된 것처럼 생생한 감동을 느끼곤 했기 때문입니다.

예를 들면, 사도행전 16장에서 바울과 실라가 빌립보 감옥에서 기도하며 찬양을 하자, 감옥 문이 열리고 간수가 구원 받게 되는 대목을 읽었을 때, 너무나 감격하여 가슴이 벅차올라 큰소리로 찬양하였고, 베드로가 주님을 세 번 씩이나 부인하고 통곡하는 대목을 읽을 때, 베드로의 참담한 심정이 느껴져서 눈물을 흘렸으며, 꿈꾸는 자 요셉의 생애를 묵상하면, 그가 감옥에 갇히게 되었을 때의 억울하고 처절한 심정과 애굽의 총리가 되었을 때의 요셉의 하나님께 대한 감사를 느낄 수가 있었기 때문입니다.

그리고 이 책을 읽은 뒤 상상기도를 실제로 훈련 할 때 주님이 내 머리에 안수하시는 모습을 상상으로 볼 수 있었고, "내가 너를 사랑하니 너도 다른 이들을 사랑하라"는 주님의 음성을 들었으며, 내 장래 소원을 아뢸 때는 이미 소원이 성취된 모습을 상상하며 기도하였더니, 사실처럼 구체적으로 믿어짐을 실감했습니다.

지금부터 예수기도와 상상기도를 꾸준히 하면서 가끔 여러 가지 기도를 번갈아 시도해 봄으로써 다양한 기도의 묘미를 맛보며 주님과 더 친밀한 교제를 누려보려고 합니다.

이와 같이 좋은 책을 읽고, 실제로 기도 훈련을 통해 주님께 더 가까이 나아가 친밀하게 교제하는 체험을 할 수 있도록 이끌어 주신 김현태 목사님께 진심으로 감사하며, 이만 이 글을 마치려 합니다. 주님의 이름으로 목사님을 축복합니다.

박 윤 숙

상상기도

침묵기도인지, 상상기도인지, 처음에 구별을 해서 적용하려는데 구분이 좀 모호했습니다. 그러나 조용히 누워 눈을 감고 주님을 불렀습니다. 한 가지의 현장을 떠올리며 그냥 조용히 주님과 생명수 강가에서 주님과 나란히 앉아 쉬고 싶었습니다.

잠시 감미로움이 심령에 임하며 행복한 가운데로 인도되다가 갑자기 저의 의도와 전혀 상관없이 주님께서 저의 손을 이끌고 어딘가로 급히 가시는데, 아, 그곳은 주님께서 빌라도 법정 뒤 채찍에 맞으시던 곳이었습니다. 그곳에서 그 당시의 상황이 그대로 펼쳐졌습니다. 주님이 채찍에 맞으시기 위해 불려나오셨는데 이미 얼굴과 몸에 피가 흘러 때론 굳어있고, 조금씩 흐르기도 하였습니다.

가시관을 쓰신 채로 등을 맞으시는데 그 살점이 채찍 끝에 붙어나는 소리까지 들리고 허연 등뼈가 드러나는 것을 보자 갑자기 제 몸에 강력한 반응이 오기 시작하였습니다. 뜨거운 불같은 것이 목과 등과 손에까지 이어져 내려 왔습니다.

저는 척추가 너무 아파 오랫동안 고생했었습니다. 깊은 잠을 못 잘 정도로 통증이 심했습니다. 그런데 주님이 채찍에 맞으시는 순간 저의 등이 치유된 것이 느껴지는 것이었습니다. 주님의 눈은 계속 나를 바라보시는데 긍휼과 자비가 가득 담긴 눈길이었습니다. 채찍질이 끝나고 주님께서 내게 말씀하셨습니다.

"사랑하는 딸아, 이것은 현재도 너희 육신에 이루어지는 실제이다. 과거가 아니고 현실인 것이다. 너를 위해 내가 고통을 당한 것이야"라고 말씀하시는 것이었습니다. 저는 그저 울고, 또 울 수밖에 없었습니다.

그 후에 골고다 언덕을 오르실 때에 구레네 시몬 대신 제가 주님의 십자가를 지고 가는 모습이 보였습니다. 주님과 함께 쓰러지기도 하고 서로 부축하기도 하며, 결국 십자가에 못 박히시는 장면이 보였습니다. 그러나 그 왼편 강도의 모습이 나의 모습으로 보이면서 나의 모든 죄가 사해지는 경험을 하게 되었습니다.

이제 사역자로의 빚어지는 귀한 시간 속에서 더욱 두렵고 떨림으로 무엇을 구해야 하는지, 가장 중요한 것을 다시 한 번 생명처럼 생각하고 경험하게 되는 귀한 시간이었습니다. 감사합니다.

김 혜 라

개정판 _ 2019년 1월 17일
지은이 _ 김현태
펴낸이 _ 김현태
디자인 _ 디자인 창 (디자이너 장창호)
펴낸곳 _ 따스한 이야기
등록 _ No. 305-2011-000035
전화 _ 070-8699-8765
팩스 _ 02- 6020-8765
이메일 _ jhyuntae512@hanmail.net

따스한 이야기 페이스북

https://www.facebook.com/touchingstorypublisher

따스한 이야기는 출판을 원하는 분들의 좋은 원고를
기다리고 있습니다.

가격 13,000원